快乐读书 爱上语文

彩绘版 无障碍阅读

山海经

〔西汉〕刘 向 〔西汉〕刘 歆／著

王鸿飞／主编

天津出版传媒集团

百花文艺出版社

图书在版编目（CIP）数据

山海经 /（西汉）刘向，（西汉）刘歆著；王鸿飞主编. -- 天津：百花文艺出版社，2015.1 (2024.4 重印)
ISBN 978-7-5306-6607-4

Ⅰ. ①山… Ⅱ. ①刘… ②刘…③王… Ⅲ. ①历史地理-中国-古代 Ⅳ. ①K928.631

中国版本图书馆 CIP 数据核字(2014)第 313111 号

山海经
SHANHAI JING
〔西汉〕刘向 〔西汉〕刘歆 著　王鸿飞 主编

出 版 人：薛印胜
责任编辑：魏　青
装帧设计：文贤阁
封面设计：宋双成
出版发行：百花文艺出版社
地址：天津市和平区西康路 35 号　邮编：300051
电话传真：+86-22-23332651（发行部）
+86-22-23332656（总编室）
+86-22-23332478（邮购部）
网址：http://www.baihuawenyi.com
印刷：天津泰宇印务有限公司
开本：710 毫米×1000 毫米　1/16
字数：120 千字
印张：12
版次：2015 年 2 月第 1 版
印次：2024 年 4 月第 3 次印刷
定价：29.80 元

如有印装质量问题，请与天津泰宇印务有限公司联系调换
地址：天津市宝坻区马家店工业区建铨道 3 号
电话：(022)59219088　邮编：301801

名人推荐

■ 谢冕

1932年生，福建福州人，著名文艺评论家、诗人、作家，北京大学教授、博士研究生导师。曾任北京大学中国语言文学研究所所长，中国新诗研究所所长，《新诗评论》主编。现任中国作家协会全国委员会名誉委员，北京市作家协会名誉副主席，中国当代文学研究会副会长等。1980年他筹办并主持了全国唯一的诗歌理论刊物《诗探索》，并任该刊主编。同时，谢冕参与了北京大学中国当代文学学科建设，建立了该科第一个博士点，他也成为该校第一位指导当代文学的博士生导师。

著有《文学的绿色革命》《中国现代诗人论》《新世纪的太阳》《论二十世纪中国文学》《1898：百年忧患》等专著十余种，另有散文随笔《世纪留言》《流向远方的水》《永远的校园》等。主编《中国百年文学经典文库》(10卷)、《百年中国文学经典》(8卷)等。

推荐寄语

读书是一种接受前人智慧的方式。因为读书，文化得以传承和发扬。读书不仅于个人有益，也于社会发展和人类进步有益。

谢冕

张梦阳 作家、学者，中国社会科学院文学研究所研究员，中国鲁迅研究会副会长。著有《鲁迅杂文研究六十年》（浙江文艺出版社 1986 年出版）、《阿 Q 新论——阿 Q 与世界文学中的精神典型问题》（陕西人民教育出版社 1996 年出版）、《鲁迅对中国人的思维批判》（东方出版社 2011 年出版）等。作品曾获中国社会科学院优秀科研成果奖，其鲁迅研究书系获 1997 年国家图书奖提名奖。

祝晓风 中国社会科学院文学研究所编审，中华文学史料学学会近现代史料学分会副会长，南开大学教授，文学博士。曾任光明日报社主任编辑，《中华读书报》编辑部主任，中国社会科学杂志社编审、编辑中心主任，《中国社会科学报》第一届编委，《中国社会科学报》常务副主任。著有《读书无新闻》（东方出版社 2006 年出版）、《有声与无声之间》（中国社会科学出版社 2011 年出版）等。

刘培 山东大学文史哲编辑部教授、博士生导师，文学博士。2002 ~ 2004 年在南京师范大学博士后流动站工作。2009 年入选教育部新世纪优秀人才支持计划。著有《北宋辞赋研究》（山东人民出版社 2009 年出版）。在《文学评论》《文学遗产》《文艺研究》《北京大学学报》《南开学报》《四川大学学报》《江海学刊》等学术期刊发表论文 50 余篇。

杜语 线装书局出版中心副主任、第一编辑室主任、副编审、历史学博士。于 2009 ~ 2010 年在美国克莱姆森大学中国研究中心做访问学者。著有《开埠史话》（社会科学文献出版社 2000 年出版）、《英雄论英雄》（中国城市出版社 2003 年出版）、《挑战千年变局》（中国社会科学出版社 2010 年出版）等。在《中国社会科学院研究生院学报》《中国教育报》《中国农民报》《中国改革报》《人民论坛》等报刊发表论文、通讯、高层访谈等数十篇。

专家编审团

杨东林 文学博士，深圳大学文学院党委书记、中文系副教授。主要从事中国古代文学和古代文论方面的教学研究，在《文学评论》《文史哲》等刊物发表学术论文多篇。

郭灿金 历史作家，文学博士，河南大学副编审。著有《中国人最易误解的文史常识》（中国书籍出版社 2006 年出版）、《大唐盛世最有争议的 30 个人》（中国书籍出版社 2008 年出版）、《郭灿金读史》（长江出版集团 2009 年出版）、《史记（注译）》（中州古籍出版社 2010 年出版）等。其中，《趣读史记》系列 2007 年多次进入新浪畅销书排行榜前十名；《中国人最易误解的文史常识》曾获由中国书刊发行业协会主办的“2007 年度全行业优秀畅销品种”称号。

宋永健 北京市海淀区语文骨干教师，首都师范大学第二附属中学教师。致力于中、高考研究和教育科学研究工作，所写教学案例、教学设计多次荣获市、区级奖励。

高凤香 陕西省杨凌中学高级语文教师，杨凌作家协会副主席，《杨凌文苑》杂志副主编。著有《新课程下创新教学探析》（万卷出版公司 2013 年出版）、《温一壶月光》（敦煌文艺出版社 2013 年出版）等。

序言

XU YAN

苏联教育家苏霍姆林斯基曾说过："让孩子变聪明的方法，不是补课，不是增加作业量，而是阅读，阅读，再阅读。"

如果说文化是人类的一份精神遗产，那么阅读就是开启这份遗产的金钥匙。在这种美好的感情和这块灿烂的文明沃土上，优秀的文学名著传达着人类对生命、对历史、对未来的憧憬和思考，其闪耀的智慧穿越古今中外，经过岁月的磨砺，升华成今天的经典。阅读美好的有价值的文学名著，是了解社会、认知自我的有效途径。

让我们一起阅读《论语》《诗经》，阅读《红楼梦》，阅读《雾都孤儿》，阅读《安徒生童话》……日不间断，我们也许会因为书中一段华丽的诗句而激扬，也许会为某个主人公的坎坷遭遇而落泪……任思绪随着书中动人的故事飘飞。阅读的过程就是励志、炼心、启智的过程。水滴石穿，绳锯木断。天长日久，积累的是知识，培养的是情感，塑造的是品格，净化的是灵魂……

本套书考虑各年龄段读者诵读古诗文、现代文学作品，以及外国文学作品等的阅读习惯，设置了知识链接、专家解疑、智慧引路、名家导读、哲理名言、名师点拨、好词好句、阅读思考、名家品评、重点测试等栏目。全套书图文并茂，精美的彩色插图，令经典的情节完美呈现，让读者在阅读文字的同时，感受具体的情景描述，增加阅读的乐趣。

畅读经典文学名著，启迪智慧，唤醒心灵

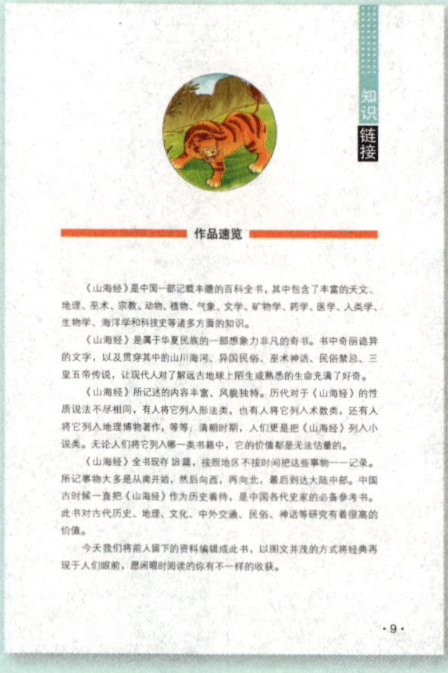

知识链接

帮你全面熟悉文学作品内容，快速掌握相关的文学文化常识。

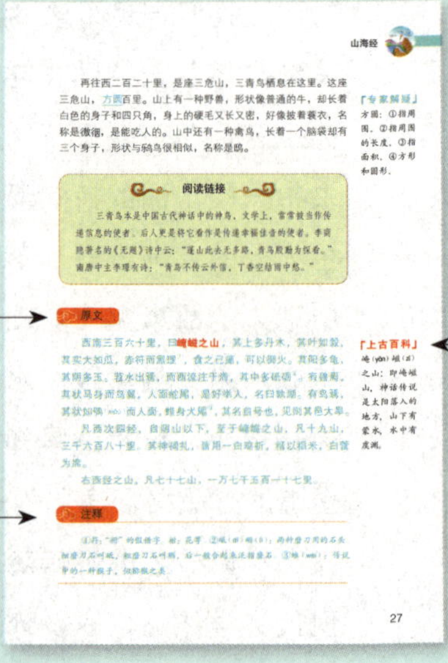

经典原文

参照名家注、疏、笺、校本，以中国现代标点符号标明句读，方便读者疏通文章大意。

经典注释

对原文中的难点、重点词句进行准确、到位的解析，帮助学生阅读和理解。

上古百科

对上古传说中的神人怪兽、奇花异草、名山名川等进行介绍，帮助同学们加深印象。

名家导读

名家引路，撷取文章精华，提炼中心思想，让大家带着“问题”和“兴趣”去阅读。

经典译文

选择版本均为国内外知名译者花费多年时间苦心译作，篇篇经典，字字珠玑。

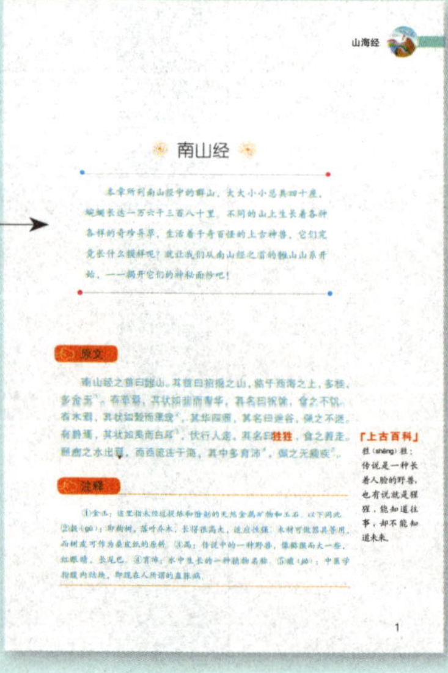

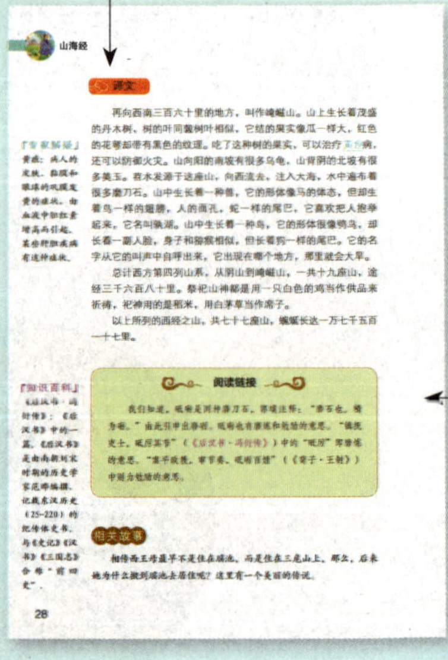

阅读链接

结合原文内容进行知识延伸，帮助同学们深入理解，开拓同学们的知识面。

轻松提升语文水平，素质阅读，拓展思维

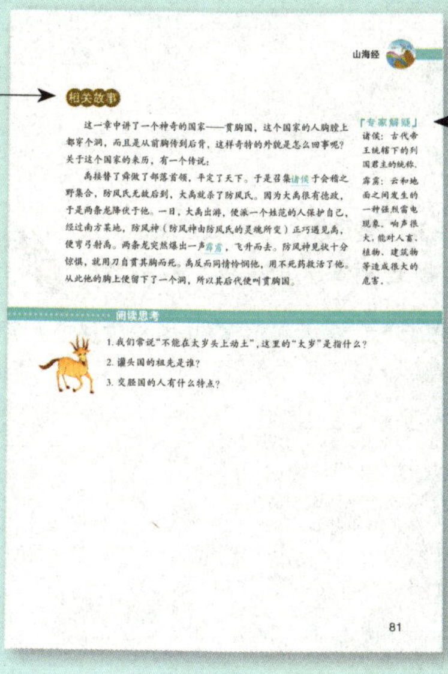

相关故事

经典有趣的故事，让学生在轻松快乐中阅读，在不知不觉中增长见识。

专家解疑

专家智慧解答，排难解疑，扫除阅读障碍。

知识百科

对文中的一些专业名词及文学作品等进行介绍，帮助同学们加深印象。

图文并茂

精美的彩色插图，令经典的情节完美呈现，让读者在阅读文字的同时，感受具体的情境描述，增加阅读的兴趣。

阅读思考

根据内容提出探索性问题，“读”与“思”相结合，激发学生的思考力。

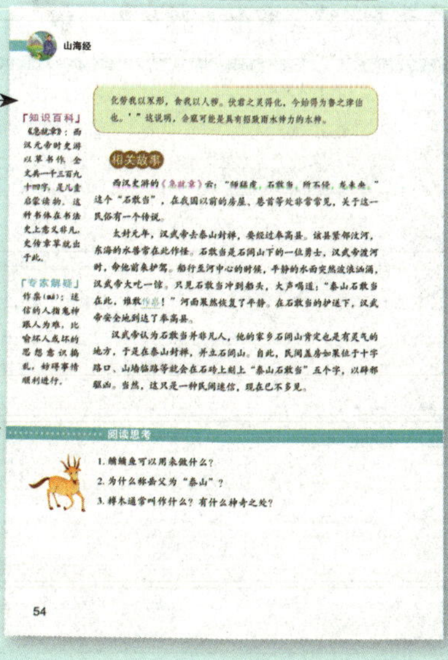

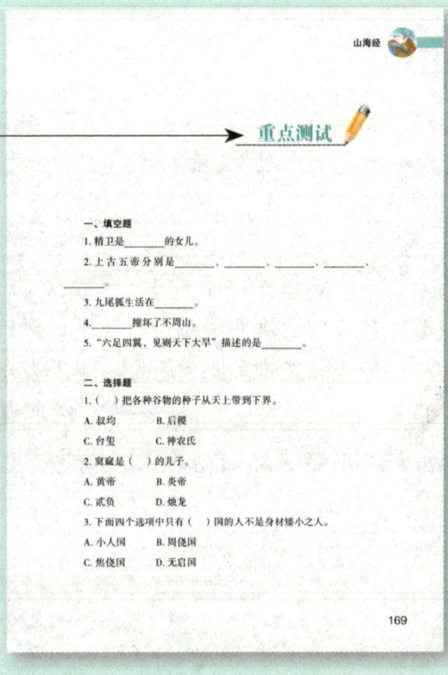

重点测试

精选重点内容、核心试题，巩固阅读，考查阅读、分析、思考问题的能力。

本书文学地位

至《禹本纪》《山海经》所有怪物，余不敢言之也。

——西汉伟大的史学家、文学家　司马迁

内别五方之山，外分八方之海，纪其珍宝奇物，异方之所生，水土、草木、禽兽、昆虫、麟凤之所止，祯祥之所隐，及四海之外，绝域之国，殊类之人。

——西汉后期著名学者　刘歆

《山海经》，古今语怪之祖。

——明代著名学者、诗人　胡应麟

语最古之译本书，吾欲以《山海经》当之。此经殆我族在中亚细亚时相传之神话，至战国秦汉间始写以华言，故不独名物多此土所无，即语法亦时或诡异。

——近代思想家、文学家　梁启超

作品速览

《山海经》是中国一部记载丰赡的百科全书，其中包含了丰富的天文、地理、巫术、宗教、动物、植物、气象、文学、矿物学、药学、医学、人类学、生物学、海洋学和科技史等诸多方面的知识。

《山海经》是属于华夏民族的一部想象力非凡的奇书。书中绮丽诡异的文字，以及贯穿其中的山川河海、异国民俗、巫术神话、民俗禁忌、三皇五帝传说，让现代人对了解远古地球上陌生或熟悉的生命充满了好奇。

《山海经》所记述的内容丰富、风貌独特。历代对于《山海经》的性质说法不尽相同，有人将它列入形法类，也有人将它列入术数类，还有人将它列入地理博物著作，等等；清代，人们更是把《山海经》列入小说类。无论人们将它列入哪一类书籍中，它的价值都是无法估量的。

《山海经》全书现存十八篇，按照地区不按时间把这些事物一一记录。所记事物大多是从南开始，然后向西，再向北，最后到达大陆中部。中国古时候一直把《山海经》作为历史看待，是中国各代史家的必备参考书。此书对古代历史、地理、文化、中外交通、民俗、神话等研究有着很高的价值。

今天我们将前人留下的资料编辑成此书，以图文并茂的方式将经典再现于人们眼前，愿闲暇时阅读的你有不一样的收获。

作者争议

《山海经》一书的记载最早见于司马迁《史记·大宛传》：“至《禹本纪》《山海经》所有怪物，余不敢言之也。”这表明《山海经》成书在司马迁之前；而《山海经》的文献资料则应在更早之前。

当代史学家吕子方先生认为：“屈原宗庙里壁画故事的脚本就是《山海经》，而且主要是《大荒经》。这不仅因为《天问》的内容许多取材于《山海经》，更重要的是，他看了描绘《山海经》的壁画故事以后才写出了这篇著名作品来的。”（《读〈山海经〉杂记》）这个论点又将《山海经》的成书时间推向战国，甚至更早之前。

至于《山海经》的作者，至今尚无定论，大概有两种说法：

一、前人认为是禹、伯益所作，经西汉刘向、刘歆编校，才形成传世书籍。这个说法是依据前人著作所言，是前人的普遍看法。西汉刘歆在《上山海经表》中说：“《山海经》者，出于唐虞之际……禹别九州，任土作贡；而益等类物善恶，著《山海经》。”《列子》载：“大禹行而见之，伯益知而名之，夷坚闻而志之。”

二、现代学者均认为成书并非一时，作者亦非一人。中国神话学专家袁珂先生则确切地说明：“以今考之，实非出一时一人之手，当为战国至汉初时楚人所作。”并且提出：“除《海内经》四卷是作于汉代初年而外，其余均作于战国时代。”

对于《山海经》的作者和写作年代，一直是一个历史之谜。也许其作者就埋在某座不知名的坟墓，但他所赋予我们的《山海经》已经成为永恒。

版本介绍

《山海经》版本众多，最早收录该书目的是东汉班固的《汉书·艺文志》。

西汉末年刘歆（后因避汉哀帝讳改名刘秀）曾校订《山海经》，但是此版早无存世，内容无考。

现可见最早的《山海经》版本为晋郭璞的《山海经注》。该版本带有注、赞、图，对原文进行了精细的注释，但此版原图已失。

清朝有吴任臣的《山海经广注》，汪绂的《山海经存》，毕沅的《山海经新校正》和郝懿行的《山海经笺疏》。

近人袁珂的《山海经校注》，所附插图一百五十幅，这个版本也是近代以来比较重要的专著。

另外，日本的《怪奇鸟兽图卷》及清吴任臣的《山海经广注》也是被学术界广泛认可的、较重要的古绘图版本。

其实，现代人的生活是对古代人的一种临摹，其中所不同的是在基础上加入了自己的元素，使生活不再乏味。史实加上文人的想象成为文学，古代人的生活加上现代人的想象，依然是生活，但多了一些艺术气息。

《山海经》就是在原有的事物上加入传说以及作者个人的想象，同时配上天马行空的图片，俨然成为一本幽默的艺术画册。读者能在作者天马行空的想象中，更进一步理解上古历史。那些不再枯燥的文章，读来别是一番味道，又不失厚重感。

主角秀场

● 黄帝

本姓公孙，后改姬姓，居轩辕之丘，号轩辕氏，亦称有熊氏、帝鸿氏。我国古史传说中的五帝之首，后被尊为中原各族的共同祖先。相传曾打败炎帝和蚩尤，结束了各部落间频繁的战争。

● 炎帝

又称赤帝，姜姓部族的首领，号烈山氏、神农氏。传说中的上古帝王，与黄帝轩辕氏并称为中华始祖。曾与黄帝在阪泉作战，被打败。

● 颛顼

黄帝之孙，昌意之子，本名乾荒，号高阳氏，又称黑帝或玄帝。为五帝之一，在天神传说中是主管北方的天帝。

● 帝喾

黄帝曾孙，姬姓，名俊，号高辛氏。五帝之一，前承炎黄，后启尧舜，奠定了华夏根基，是华夏民族的共同人文始祖，也是商族的第一位先祖。

● 尧

帝喾之子，姓伊祁（伊耆），名放勋，号陶唐氏，五帝之一。贤明爱民，德高望重。年老后让位于尧，开创帝王禅让先河。

● 舜

帝颛顼的六世孙，姓姚，名重华，字都君，号有虞氏，又称虞舜。受尧的禅让而称帝于天下，为上古时期五帝之一和易学发展史上五圣之一。

● 夷羿

即后羿，神话传说中的英雄人物。善于射箭，曾经射掉九个太阳，射死毒蛇猛兽，为民除害。

● 女娲

中国上古神话中的女神，人首蛇身，神通广大，一天内有七十次变化，肠子就化成十位神人。她开世造物，被称为“大地之母”。

作品影响

《山海经》是中国先秦重要古籍，也是一部荒诞不经的奇书。

《山海经》是一本涵盖了天文、地理、历史、文学、神话、宗教、生物、医药及科学等方面的百科全书。

目录

Contents

南山经

本章所列南山经中的群山，大大小小总共四十座，蜿蜒长达一万六千三百八十里。不同的山上生长着各种各样的奇珍异草，生活着千奇百怪的上古神兽，它们究竟长什么模样呢？就让我们从南山经之首的䧿山山系开始，一一揭开它们的神秘面纱吧！

原文

南山经之首曰䧿山。其首曰招摇之山，临于西海之上，多桂，多金玉①。有草焉，其状如韭而青华，其名曰祝馀，食之不饥。有木焉，其状如榖②而黑理，其华四照，其名曰迷谷，佩之不迷。有兽焉，其状如禺③而白耳，伏行人走，其名曰狌狌，食之善走。丽麂之水出焉，而西流注于海，其中多育沛④，佩之无瘕⑤疾。

「上古百科」

狌（shēng）狌：传说是一种长着人脸的野兽，也有说就是猩猩，能知道往事，却不能知道未来。

注释

①金玉：这里指未经过提炼和磨制的天然金属矿物和玉石。以下同此。②榖（gǔ）：即构树，落叶乔木，长得很高大，适应性强。木材可做器具等用，而树皮可作为桑皮纸的原料。③禺：传说中的一种野兽，像猕猴而大一些，红眼睛，长尾巴。④育沛：水中生长的一种植物名称。⑤瘕（jiǎ）：中医学指腹内结块，即现在人所谓的蛊胀病。

译文

南方首列山系叫作䧿山山系。䧿山山系的头一座山是招摇山，屹立在西海岸边，生长着许多桂树，又蕴藏着丰富的金属矿物和玉石。山中有一种草，形状像韭菜却开着青色的花朵，名称是祝余，人吃了它就不感到饥饿。山中又有一种树木，形状像构树却呈现黑色的纹理，它的花朵光照四方，名称是迷谷，人佩戴它在身上就不会迷失方向。山中还有一种野兽，形状像猿猴但长着一双白色的耳朵，既能匍匐爬行，又能像人一样直立行走，名称是狌狌，吃了它的肉可以使人跑得飞快。丽麂水从这座山发源，然后往西流入大海，水中有许多叫作育沛的东西，人佩戴它在身上就不会生蛊胀病。

「专家解疑」
匍匐：①爬行。②趴。

阅读链接

《山海经》中记录的奇珍异草众多，历来被许多文人引用，如《镜花缘》：只见这草宛如韭菜，内有嫩茎，开着几朵青花。即放口内，不觉点头道："这草一股清香，倒也好吃。请问九公，他叫甚么名号？以后俺若游山饿时，好把他来充饥。"唐敖道："小弟闻得海外鹊山有草，青花如韭，名'祝馀'，可以疗饥，大约就是此物了。"

「知识百科」
《镜花缘》：长篇神魔爱情小说，作者是清代的李汝珍。全书共一百回，内容神幻诙谐，数经据典，奇妙绚丽。

原文

又东三百七十里，曰杻阳之山，其阳多赤金①，其阴多白金②。有兽焉，其状如马而白首，其文如虎而赤尾，其音如谣③，其名曰**鹿蜀**，佩之宜子孙。怪水出焉，而东流注于宪翼之水。其中多玄龟，其状如龟而鸟首虺④尾，其名曰旋龟，其音如判木，佩之不聋，可以为底⑤。

又东三百里柢山，多水，无草木。有鱼焉，其状如牛，陵居，

「上古百科」
鹿蜀：郭璞《图赞》："鹿蜀之兽，马质虎文。骧首吟鸣，矫足腾群。佩其皮毛，子孙如云。"

蛇尾有翼，其羽在魼[6]下，其音如**留牛**，其名曰鯥，冬死[7]而夏生，食之无肿[8]疾。

「上古百科」

留牛：可能就是本书另一处所讲的犁牛。据古人讲，犁牛身上的纹理像老虎的斑纹。

注释

①赤金：就是上文所说的黄金，指未经提炼过的赤黄色沙金。②白金：即白银。这里指未经提炼过的银矿石。以下同此。③谣：不用乐器伴奏的歌唱。④虺（huǐ）：毒蛇。⑤为：治理。这里是医治、治疗的意思。底：这里与“胝”的意思相同，就是手掌或脚底因长期摩擦而生的厚皮，俗称“老茧”。⑥魼：即“胠”的同声假借字，指腋下肋上部分。⑦冬死：指冬眠，也叫冬蛰。⑧肿：一种皮肤和皮下组织的化脓性炎症。

译文

再往东三百七十里，是杻阳山。山南面盛产黄金，山北面盛产白银。山中有一种野兽，形状像马却长着白色的头，身上的斑纹像老虎而尾巴却是红色的，吼叫的声音像人唱歌，名称是鹿蜀，人穿戴上它的毛皮就可以多子多孙。怪水从这座山发源，然后向东流入宪翼水。水中有众多暗红色的龟，形状像普通乌龟却长着鸟一样的头和蛇一样的尾巴，名称是旋龟，叫声像劈开木头时发出的响声，佩戴上它就能使人的耳朵不聋，还可以治愈脚底老茧。

再往东三百里，是座柢山，山间多水流，没有花草树木。有一种鱼，形状像牛，栖息在山坡上，长着蛇一样的尾巴并且有翅膀，而翅膀长在肋骨上，鸣叫的声音像犁牛，名称是鯥，冬天蛰伏而夏天复苏，吃了它的肉就能使人不患痈肿疾病。

「专家解疑」

栖息：停留；休息（多指鸟类）。

蛰伏：①动物冬眠，潜伏起来不食不动。②借指蛰居。

阅读链接

冬眠：某些动物在冬季时生命活动处于极度降低的状态，是这些动物对冬季外界不良环境条件（如食物缺少、寒冷）的一种适应。冬眠时，动物的神经已经进入麻痹状态；体温显著下降，机体内的新陈代谢作用变得非常缓慢，所以仅仅能维持它的生命；冬眠前体重增加，冬眠之后体重逐渐减少。

「知识百科」
新陈代谢：生物的基本特征之一。生物体不断地从外界取得生活必需的物质，并使这些物质变成生物体本身的物质，同时把体内产生的废物排出体外，这种新物质代替旧物质的过程叫新陈代谢。

原文

南次二经之首，曰柜（jǔ）山，西临流黄，北望诸毗（pí），东望长右。英水出焉，西南流注于赤水，其中多白玉，多丹粟①。有兽焉，其状如豚，有距②，其音如狗吠，其名曰狸力，见则其县多土功③。有鸟焉，其状如鸱而人手，其音如痺④，其名曰鴸⑤，其名自号也，见则其县多放士。

注释

①丹粟：细小的丹砂像粟的颗粒大小。②距：雄鸡、野鸡等的跖后面突出像脚趾的部分。这里指鸡的足爪。③见：同“现”。县：这里泛指有人聚居的地方。④痺（bì）：鸟名。⑤鴸（zhū）：传说是帝尧的儿子丹朱所化的鸟。

「上古百科」
鸱（chī）：即鹞鹰，一种凶猛的飞禽，常捕食其他小型鸟禽。

译文

南方第二列山系的首座山是柜山，西边临近流黄酆氏国和流黄辛氏国，在山上向北可以望见诸毗山，向东可以望见长右山。英水从这座山发源，向西南流入赤水，水中有很多白色玉石，还有很多粟粒般大小的丹砂。山中有一种野兽，形状像普通的小猪，长着一双鸡爪，叫的声音如同狗叫，名称是狸力，哪个地方出现狸力，那里就一定会有繁多的水土工程。山中还有一种鸟，形状像鸮鹰却长着人手一样的爪子，啼叫的声音如同痺鸣，名称是鴸，它的鸣叫声就是自身名称的读音。哪个地方出现鴸，那里就一定会有众多的文士被流放。

「专家解疑」
流放：把犯人放逐到边远地方。

阅读链接

这种叫鴸的鸟，是尧帝的儿子变的，因为他不务正业，尧便没有将天下传给他，而是传给了舜。因此，他便与三苗国合兵反对尧，却打了败仗，因羞愧投南海而死，化为鴸。据说它自己也叫自己的名字，它出现的地方多有才智之士被放逐。

原文

又东五百里，曰浮玉之山，北望具区[①]，东望诸毗。有兽焉，其状如虎而牛尾，其音如吠犬，其名曰彘，是食人。苕水出于其阴，北流注于具区。其中多**鮆鱼**。

「上古百科」
鮆(jì)鱼：又叫鲚鱼，头生长得很长而狭薄，大的有一尺多长。

注释

①具区：就是现在江苏境内的太湖。

译文

再往东五百里，是座浮玉山，在山上向北可以望见具区泽，向东可以望见诸毗水。山中有一种野兽，形状像老虎却长着牛的尾巴，发出的叫声如同狗叫，名称是彘，是能吃人的。苕水从这座山的北麓发源，向北流入具区泽。它里面生长着很多鮆鱼。

阅读链接

彘在《山海经》中是一种怪兽的名字，但一般来说，彘本指大猪，后泛指一般的猪。如《说文》中：彘，豕也。后蹏废谓之彘。又《孟子·梁惠王上》中有：鸡豚狗彘。这里的“彘”就是指猪。

「知识百科」
《说文》：即《说文解字》，是世界上最早的字典之一，也是中国第一部按部首编排的字典，对文字学具有深远的影响。

原文

凡南次二经之首，自柜山至于漆吴之山，凡十七山，七千二百里。其神状皆龙身而鸟首。其祠：毛用一璧瘗（yì），糈[1]用稌（tú）。

「上古百科」
璧：古时一种玉器，平圆形，正中有孔，是古代朝（cháo）聘、祭祀、丧葬时使用的礼器之一。

注释

①糈（xǔ）：粮食。

译文

总计南方第二列山系之首尾，从柜山起到漆吴山止，一共十七座山，途经七千二百里。诸山山神的形状都是龙的身子鸟的头。祭祀山神是把畜禽和玉璧一起埋入地下，祀神的米用稻米。

「专家解疑」
祭祀：旧俗备供品向神佛或祖先行礼，表示崇敬并求保佑。

阅读链接

玉璧是中国玉器中出现最早并一直延续不断的品种，是我国传统的玉礼器之一，与琮、圭、璋、琥、璜五种玉器合称“六瑞”。

中华民族爱玉、敬玉、崇玉的历史悠久。在古代，君子无故玉不去身，君子比德于玉焉。玉的温润色泽象征仁慈，坚硬质地象征智慧，不伤人的棱角表示公平正义。民间相信玉能护身、驱邪，代表着正气和灵性。从上古先民直至近代，人们对玉均情有独钟。

原文

东五百里，曰祷过之山，其上多金玉，其下多犀兕，多象。有鸟焉，其状如䴔[1]，而白首、三足、人面，其名曰瞿如，其鸣自号也。泿（yín）水出焉，而南流注于海。其中有虎蛟[2]，其状鱼身而蛇尾，其音如鸳鸯，食者不肿，可以已[3]痔。

「上古百科」
犀：古人说，犀的身子像水牛，头像猪，蹄子好似象的蹄子，黑色皮毛，生有三只角，一只长在头顶上，一只长在前额上，一只长在鼻子上。它生性爱吃荆棘，往往刺破嘴而口吐血沫。

注释

①䴔（jiāo）：传说中的一种鸟，样子像野鸭子而小一些，脚长在接近尾巴的部位。②虎蛟：传说中龙的一个种类。③已：停止。这里是止住、制止的意思。

译文

（从天虞山）往东五百里，是座祷过山，山上盛产金属矿物和玉石，山下到处是犀、兕，还有很多大象。山中有一种禽鸟，形状像鸡却是白色的脑袋，长着三只脚，人一样的脸，名称是瞿如，它的鸣叫声就是自身名称的读音。泿水从这座山发源，然后向南流入大海。水中有一种虎蛟，形状像普通鱼的身子却拖着一条蛇的尾巴，脑袋如同鸳鸯鸟的头，吃了它的肉就能使人不生痈肿疾病，还可以治愈痔疮。

「专家解疑」

痔(zhì)疮：病，因肛门或直肠末端的静脉曲张而形成的突起的小结节。分为内痔、外痔和混合痔。症状是发痒，灼热，疼痛，大便表面带血等。

阅读链接

兕这种动物，大家并不陌生，《西游记》中太上老君的坐骑偷了太上老君的钢圈，走落凡间成精，套去众神许多兵器，这只坐骑便是兕："独角参差，双眸幌亮。顶上粗皮突，耳根黑肉光。舌长时搅鼻，口阔牙黄。毛皮青似靛，筋挛硬如钢。比犀难照水，象牯不耕荒。全无喘月犁云用，倒有欺天振地强。两只焦筋蓝靛手，雄威直挺点钢枪。细看这等凶模样，不枉名称兕大王！"

原文

又东五百里，曰丹穴之山，其上多金玉。丹水出焉，而南流注于渤海。有鸟焉，其状如鸡，五采而文，名曰凤皇，首文曰德，翼文曰义，背文曰礼，膺①文曰仁，腹文曰信。是鸟也，饮食自然，自歌自舞，见则天下安宁。

「上古百科」

凤皇：即"凤凰"，是古代传说中的鸟王。雄者叫凤，雌者叫凰，高六尺左右。

注释

①膺（yīng）：胸。

译文

再往东五百里，是座丹穴山，山上盛产金属矿物和玉石。丹水从这座山发源，然后向南流入渤海。山中有一种鸟，形状像普通的鸡，全身上下是五彩羽毛，名称是凤凰，头上的花纹是“德”字的形状，翅膀上的花纹是“义”字的形状，背部的花纹是“礼”字的形状，胸部的花纹是“仁”字的形状，腹部的花纹是“信”字的形状。这种叫作凤凰的鸟，吃喝很自然从容，常常是自个儿边唱边舞，一出现天下就会太平。

阅读链接

据《尔雅·释鸟》郭璞注，凤凰特征是：“鸡头、燕颔、蛇颈、龟背、鱼尾、五彩色，高六尺许。”凤凰性格高洁，非晨露不饮，非嫩竹不食，非千年梧桐不栖。其种类繁多，因种类的不同其象征也不同。凤凰被看作瑞鸟，是天下太平的象征。古人认为时逢太平盛世，便有凤凰飞来。凤凰被认为是百鸟中最尊贵者，有“百鸟朝凤”之说。

「知识百科」

《尔雅·释鸟》：是《尔雅》中的一篇，《尔雅》是中国古代最早一部解释语词的著作。晋·郭璞为《尔雅》作注，对中国古代动植物学的发展，有着一定的影响。

原文

凡南次三经之首，自天虞（yú）之山以至南禺（yú）之山，凡一十四山，六千五百三十里。其神皆龙身而人面。其祠：皆一白狗祈（qí），糈用稌。

右南经之山志，大小凡四十山，万六千三百八十里。

译文

南次三经诸山，从天虞山起，到南禺山止，一共十四座大山，蜿蜒长达六千五百三十里。居住在这些山中的神仙，都是龙身人脸。祭祀这些神灵时，都是用白狗做祭品。祭祀所用的米是稻米。

以上所列《南山经》中的群山，大大小小总共四十座，蜿蜒长达一万六千三百八十里。

「专家解疑」

蜿蜒：①蛇类爬行的样子。②（山河、河流、道路等）弯弯曲曲地延伸的样子。

阅读链接

祭祀：旧俗逢年节备供品向神佛或祖先行礼，表示崇敬并求保佑。

祭祀是华夏礼典的一部分，“礼有五经，莫重于祭，是以事神致福。”（《礼记·祭统》）祭祀的仪式是向神灵致以恭敬的膜拜，并献出礼品，不同的神灵口味也不同，所以祭品多种多样。

「知识百科」
《礼记·祭统》：《礼记》中的一篇。《礼记》是儒家五经之一，与《周礼》《仪礼》合称“三礼”，是研究中国古代社会情况、典章制度和儒家思想的重要著作。

相关故事

凤凰这种鸟，雄者叫凤，雌者叫凰。黄帝当政以后，施行德政，举世太平，但却没有见凤凰到来，黄帝便召天老问：“凤凰长什么样子？”天老告诉他：“凤凰的形貌头部像大雁，而后半身像麒麟，颈部像蛇颈，尾部像鱼尾，身上披着花纹，燕一样的下颌，鸡一样的嘴，头上有‘德’字，翅上有‘义’字，背上有‘礼’字，胸部有‘仁’字，腹部有‘信’字，脚踏着‘正’字，尾上系着‘武’字。它发出的鸣叫声，好似敲击金属，声大时像擂鼓。当它昂首展翅时，五彩缤纷。”于是，黄帝便穿上黄袍，系黄带，戴黄帽，站立在殿中，祁求凤凰的到来。果然，凤凰便遮天蔽日而来，黄帝叩头再拜。凤凰便栖于黄帝东园的梧桐树上。另外，在周成王时，天下大治，凤凰降临而舞蹈于朝廷。成王高兴地弹琴唱道：“凤凰呀翱翔于皇廷，我有什么大的德行啊，感动圣灵？”晋代郭璞曾赋诗赞曰：“凤皇灵鸟，实冠羽群。八象其体，五德其文。附翼来仪，应我圣君。”（《艺文类聚》卷九九）

「上古百科」
麒麟：古代传说中的一种动物，体型像鹿，头上有角。

阅读思考

1. 狌狌长什么样子？它有什么本领？
2. 本章中出现了哪些玉？玉器中的“六瑞”是什么？
3. 凤凰身上的花纹是哪些字形？凤凰象征什么？

西山经

西经之山，共七十八座，蜿蜒长达一万七千五百一十七里。在这些山上又有哪些奇特的动植物及珍贵的矿产分布呢？肥𧔥是哪种动物？著名的麝香是怎么制成的呢？这些问题的答案就藏在绵延不绝的西经之山中，赶快去下面寻找吧。

原文

西山经华山之首，曰钱来之山，其上多松，其下多洗石①。有兽焉，其状如羊而马尾，名曰羬（qián）羊，其脂可以已腊②。

注释

①洗石：古人说是一种在洗澡时用来擦去身上污垢的瓦石。②腊（xī）：皮肤皴裂。

译文

西方第一列山系华山山系之首座山，叫作钱来山，山上有许多松树，山下有很多洗石。山中有一种野兽，形状像普通的羊却长着马的尾巴，名称是羬羊，羬羊的油脂可以护理治疗干裂的皮肤。

「专家解疑」

油脂：油和脂肪的统称。

阅读链接

据文中所述，钱来山可能是在现在的亚武山国家森林公园附近。明代诗人崔誉曾作诗描述亚武山曰：“石上寒泉岭上松，白云深处有仙踪，东风雨足春云霁，却望中条无此峰。”与钱来山多松一说一致。而且，亚武山又叫羊扶山，可能跟文中的羬羊有关。

原文

又西六十里，曰**太华之山**，削成而四方，其高五千仞①，其广十里，鸟兽莫居。有蛇焉，名曰肥蟦（wèi），六足四翼，见（xiàn）则天下大旱。

「上古百科」
太华之山：即西岳华山，位于陕西省华阴县，南接秦岭，北瞰黄渭，以山势险峻而闻名。同时还是道教著名的圣地，被道教尊为第四洞天。

注释

①仞：古时八尺为一仞。

译文

再往西六十里，是座太华山，山崖陡峭像刀削而呈现四方形，高五千仞，宽十里，禽鸟野兽无法栖身。山中有一种蛇，名称是肥蟦，长着六只脚和四只翅膀，一出现就会天下大旱。

阅读链接

除了《山海经》对肥蟦的记载外，民间也有相关记载。明人朱国桢《诵幢小品》卷三一记载：万历丙戌（1586年），建昌乡民樵于山，逢一巨蛇，头端一角，六足如鸡距，见人不噬亦不惊。民因呼群往视，亦不敢伤；徐徐入深林去。《华山记》云：“蛇六足者，名曰肥蟦，见则千里之内大旱！”戊子、己丑之灾，其兆已先见之矣。另据光绪《京山县志》卷一记载：崇祯六年癸酉（1633年），彭杨畈民家沟中见蛇出，长六尺，围尺许，身红绿色，六足如鸡距，不噬人。郝楚望曰：“肥蟦也，主千里旱。”果验。

「专家解疑」
噬（shì）：咬。

原文

又西五十二里，曰竹山，其上多乔木，其阴多铁。有草焉，其名曰黄雚（guàn），其状如樗，其叶如麻，白华而赤实，其状如赭[1]，浴之已疥，又可以已胕（fú）。竹水出焉，北流注于渭，其阳多竹箭，多苍玉。丹水出焉，东南流注于洛水，其中多水玉，多人鱼。有兽焉，其状如豚而白毛，大如笄[2]而黑端，名曰豪彘[3]。

「上古百科」
樗（chū）：即臭椿树，长得很高大，树皮灰色而不裂，小枝粗壮，羽状复叶，夏季开白绿色花。

注释

①赭（zhě）：赭石，就是现在所说的赤铁矿，即古人使用的一种黄棕色的矿物染料。②笄（jī）：即簪子，是古人用来插住绾起的头发或连住头发上的冠帽的一种长针。③豪彘：即豪猪，俗称箭猪。

「专家解疑」
疥（jiè）疮：传染性皮肤病，病原体是疥螨，多发生在手腕、手指、腋窝、腹股沟等部位。症状是局部起丘疹而不变颜色，刺痒。

译文

再往西五十二里，是座竹山，山上到处是高大的树木，山北面盛产铁。山中有一种草，名称是黄雚，形状像樗树，但叶子像麻叶，开白色的花朵而结红色的果实，果实外表的颜色像赭色，用它洗浴就可治愈疥疮，又可以治疗浮肿病。竹水从这座山发源，向北流入渭水，竹水的北岸有很多的小竹丛，还有许多青色的玉石。丹水也发源于这座山，向东南流入洛水，水中多出产水晶石，又有很多人鱼。山中有一种野兽，形状像小猪却长着白色的毛，毛如簪子粗细而尖端呈黑色，名称是豪彘。

阅读链接

心理学上有个著名的豪猪理论：寒冷的冬日，一群豪猪挤在一起取暖，但是离得太近了会被彼此的硬刺扎痛，离远了又不暖和。经过反复磨合，它们终于找到了合适的距离。人与人的社交关系也是这样，每个人都会有缺点，在与他人的交往中既要团结合作，又要注意分寸。要找到可以让大家在一起而又能相互容忍的适中距离，而这个距离就是礼貌周到和文雅规矩。

「知识百科」
心理学：研究心理现象客观规律的学科。心理现象指认识、情感、意志等心理过程和能力、性格等心理特征。根据不同的研究领域和任务分普通心理学、儿童心理学、教育心理学等。

原文

又西三百五十里，曰天帝之山，上多棕楠，下多菅（jiān）蕙。有兽焉，其状如狗，名曰溪边，席①其皮者不蛊（gǔ）。有鸟焉，其状如鹑，黑文而赤翁②，名曰栎，食之已痔。有草焉，其状如葵，其臭如蘼芜，名曰杜衡，可以走马，食之已瘿③。

「上古百科」
杜衡：多年生草本植物，花紫色。根状茎可入药。也作杜蘅。

注释

①席：这里作动词用，铺垫的意思。②翁：鸟脖子上的毛。③瘿：一种人体局部细胞增生的疾病，一般形成囊状的赘生物，形状、大小不一，多肉质。这里指脖颈部所生肉瘤。

译文

再往西三百五十里，是座天帝山，山上是茂密的棕树和楠木树，山下主要生长茅草和蕙草。山中有一种野兽，形状像普通的狗，名称是溪边，人坐卧时铺垫上溪边兽的皮就不会中妖邪毒气。

山中又有一种禽鸟，形状像一般的鹌鹑鸟，但长着黑色的花纹和红色的颈毛，名称是栎，人吃了它的肉可以治愈痔疮。山中还有一种草，形状像葵菜，散发出和蘼芜一样的气味，名称是杜衡，给马戴上它就可以使马跑得很快，而人吃了它就可以治愈脖子上的赘瘤病。

阅读链接

蘼芜是一种香草，可做香料或香囊填充物。古人认为蘼芜有让妇人多子的作用，而古诗词中出现的蘼芜一词多写夫妻分离或闺怨。古乐府《上山采蘼芜》：“上山采蘼芜，下山逢故夫。”

「知识百科」
乐府：原是汉代朝廷的音乐官署，它的主要任务是采集各地民间诗歌和乐曲。后世把这类民歌或文人模拟的作品也叫作乐府。

原文

又西二百里，曰翠山，其上多棕楠，其下多竹箭，其阳多黄金、玉，其阴多旄牛、麢、麝①；其鸟多鸓（lěi），其状如鹊，赤黑而两首、四足，可以御火。

注释

①旄（máo）牛：即牦牛。麢（líng）：即羚羊，形状像羊而大一些，角圆锐，喜好在山崖间活动。麢，同“羚”。

「上古百科」
麝（shè）：一种动物，也叫香獐，前肢短，后肢长，蹄子小，耳朵大，体毛棕色，雌性和雄性都没有角。雄性麝的脐与生殖腺之间有麝腺，分泌的麝香可做药用和香料用。

译文

再往西二百里，是座翠山，山上是茂密的棕树和楠木树，山下到处是竹丛，山南面盛产黄金、玉，山北面有很多牦牛、羚羊、麝。山中的禽鸟大多是鸓鸟，形状像一般的喜鹊，却长着红黑色羽毛和两个脑袋、四只脚，人养着它可以辟火。

阅读链接

我们对麝可能了解不多，但是，提到麝香，大家一定都不陌生。而麝香就是雄麝的分泌物（在肚脐和生殖腺之间），干燥后呈颗粒状或块状，有特殊的香气，有苦味，可以制香料，也可入药。

在我国，用麝香制香料的历史悠久，唐代诗人杜甫的《丁香》一诗中有“晚堕兰麝中”的诗句。而麝香的药用价值也很早就被发现，《本草纲目》记载：“……盖麝香走窜，能通诸窍之不利，开经络之壅遏。”

「知识百科」

《本草纲目》：中国药学著作，共52卷，明代李时珍撰，本书是中国古代汉族传统医学集大成者，也是一部具有世界性影响的博物学著作。

原文

西次二经之首，曰铃山，其上多铜，其下多玉，其木多杻、橿。

西二百里，曰泰冒之山，其阳多金，其阴多铁。浴水出焉，东流注于河，其中多藻玉[1]。多白蛇。

注释

①藻玉：带有色彩纹理的美玉。

「上古百科」

钤（qián）山：在今江西分宜境内，《严嵩传》中记载：钤山山高无险，兽多不凶，超凡脱俗，就像是天降瑶池。

译文

西方第二列山系之首座山，叫作铃山，山上盛产铜，山下盛产玉，山中的树大多是杻树和橿树。

向西二百里，是座泰冒山，山南面多出产金，山北面多出产铁。浴水从这座山发源，向东流入黄河，水中有很多藻玉，还有很多白色的水蛇。

阅读链接

古人单称“河”或“河水”而不贯以名者，则大多是专指黄河，这里即指黄河。但本书记述山川水流的方位走向都不甚确实，所述黄河也不例外，再加上黄河在古时屡次改道，所以，和今天所看到的黄河不尽一致。现在译“河”或“河水”为“黄河”，只是为了使译文醒目而有别于其他河流。

原文

又西四百里，曰底（zhǐ）阳之山，其木多樱、楠、豫章[1]，其兽多犀、兕、虎、犳[2]、㸲牛。

又西三百五十里，曰西皇之山，其阳多金，其阴多铁，其兽多麋、鹿、㸲牛。

「上古百科」

麋（mí）：即麋鹿，毛色淡褐，背部较浓，腹部较浅，而雄性有角。因它的角像鹿角，头像马头，身子像驴身，蹄子像牛蹄，所以古人又称作“四不像”。

注释

①樱（jì）：即水松，有刺，木头纹理很细。豫章：古人说就是樟树，也叫香樟，常绿乔木，有樟脑香气。②犳（zhuó）：据古人讲是一种身上有豹子斑纹的野兽。

译文

再往西四百里，是座底阳山，山中的树木大多是水松树、楠木树、樟树，而野兽大多是犀牛、兕、老虎、犳、㸲牛。

再往西三百五十里，是座西皇山，山南面多出产金，山北面多出产铁，山中的野兽以麋、鹿、㸲牛居多。

阅读链接

关于豫章古代还有一种说法，认为二树在幼小时不可辨知而被人看作是同一种树木。其实，豫就是枕木，章就是樟木，生长到七年以后，枕、樟才能分别。白居易《放言》中的名句："试玉要烧三日满，辨材须待七年期。"所说的"辨材"，指的就是辨别豫、章这两种树木。

「知识百科」

《放言》是唐代诗人白居易的组诗作品，总共五首，是一组富含哲理的政治抒情诗。这里提到的是组诗中的第三首，也是流传最广的一首。

原文

凡西次二经之首，自钤山至于莱山，凡十七山，四千一百四十里。其十神者，皆人面而马身。其七神，皆人面牛身，四足而一臂，操杖以行，是为飞兽之神。其祠之，毛用少（shào）牢[①]，白菅为席。其十辈神者，其祠之，毛一雄鸡，钤而不糈。毛采。

注释

①毛：指毛物，就是祭神所用的猪、鸡、狗、羊、牛等畜禽。

译文

总计西方第二列山系之首尾，自钤山起到莱山止，一共十七座山，途经四千一百四十里。其中十座山的山神，都是人的面孔而马的身子。还有七座山的山神都是人的面孔而牛的身子，四只脚和一条臂，扶着拐杖行走，这就是所谓的飞兽之神。祭祀这七位山神，在毛物中用猪、羊做祭品，将其放在白茅草席上。另外那十位山神，祭祀的典礼，在毛物中用一只公鸡，祭祀神时不用米做祭品。雄鸡的毛要杂色的。

阅读链接

山神即山岳的神化，具有强大的法力，古人对山神非常崇拜，因此出现了祭祀山神的典礼。《礼记·祭法》：“山林川谷丘陵，能出云，为风雨，见怪物，皆曰神。”这种祭祀山神的风俗自虞舜时期就有。传说舜分别在泰山、衡山、华山和恒山进行巡祭。历代天子封禅祭天地，也要祭祀山神。直到现在，部分藏区还保留着祭祀山神的风俗。

「专家解疑」

封禅（shàn）：古代帝王祭祀天地的大典，在泰山祭天称作封，在泰山下的梁父山祭地称作禅。

原文

西次三经之首，曰崇吾之山，在河之南，北望冢遂，南望䍃（yóu）之泽，西望帝之搏兽之丘，东望蠕（yān）渊。有木焉，员叶而白柎[①]，赤华而黑理，其实如枳，食之宜子孙。有兽焉，其状如禺而文臂，豹虎而善投，名曰举父。有鸟焉，其状如凫，而一翼一目，相得乃飞，名曰蛮蛮，见则天下大水。

「上古百科」

蛮蛮：古代传说中的一种鸟。又名鹣鹣、比翼鸟。雌雄须比翼飞行，因此常以它们的不离不弃比喻夫妻恩爱，朋友形影不离等。

注释

①员：通“圆”。柎（fū）：花萼。是由若干萼片组成，处在花的外轮，起保护花芽的作用。

译文

西方第三列山系的首座山，叫作崇吾山，它雄居于黄河的南岸，在山上向北可以望见冢遂山，向南可以望见䍃泽，向西可以望见天帝的搏兽山，向东可以望见蠕渊。山中有一种树木，圆圆的叶子白色的花萼，红色的花朵上有黑色的纹理，结的果实与枳实相似，吃了它就能使人多子多孙。山中又有一种野兽，形状像猿猴而臂上却有斑纹，有虎豹一样的体格而擅长投掷，名称是举父。山中还有一种禽鸟，形状像一般的野鸭子，却只长了一只翅膀和一只眼睛，要两只鸟合起来才能飞翔，名称是蛮蛮，一出现而天下就会发生水灾。

阅读链接

因为蛮蛮必须雌雄比翼双飞，如此奇异的鸟儿，人们便对它赋予了很多意义。本书中说蛮蛮出现就会发生水灾。又如《博物志·异鸟》："见则吉良，乘之寿千岁。"但后来多用来形容夫妻恩爱，最著名的当属白居易的《长恨歌》："在天愿作比翼鸟，在地愿为连理枝。"

原文

又西北三百七十里，曰不周之山。北望诸毗之山，临彼岳崇之山，东望泑（yōu）泽，河水所潜也，其原浑浑泡泡②。爰（yuán）有嘉果，其实如桃，其叶如枣，黄华而赤柎，食之不劳。

「上古百科」

不周之山：即不周山。据古人讲，因为这座山的形状有缺而不周全的地方，所以叫不周山。山的西北部不周全，风从这里刮出，称为不周风。

注释

①原："源"的本字。水源。浑（gǔn）浑泡（páo）泡：形容水喷涌的声音。

译文

再往北三百七十里，是座不周山。在山上向北可以望见诸毗山，高高地居于岳崇山之上；向东可以望见泑泽，是黄河源头所潜在的地方，那源头之水喷涌而发出浑浑泡泡的响声。这里有一种特别珍贵的果树，结出的果实与桃子很相似，叶子却很像枣树叶，开着黄色的花朵而花萼却是红红的，吃了它就能使人解除烦恼、忧愁。

「知识百科」

《淮南子》：又名《淮南鸿烈》《刘安子》，是西汉皇族淮南王刘安及其门客集体编写的一部汉族哲学著作，属于道家作品。

阅读链接

关于不周山，有一个非常有名的传说，《淮南子》曰："昔者共（gōng）工与颛顼争帝，怒而触不周之山，天维绝，地柱折（今本《淮南子·天文训》作"天柱折，地维绝"）。"即山形有缺而不周全的原因是共工与颛顼争帝位时，发怒触撞造成的。

原文

又西北四百二十里，曰钟山。其子曰鼓，其状人面而龙身，是与钦䲹(pí)杀葆江于昆仑之阳，帝乃戮之钟山之东曰㟮(yáo)崖。钦䲹化为大**鹗**，其状如雕而黑文白首，赤喙而虎爪，其音如晨鹄[1]，见则有大兵；鼓亦化为鵕(jùn)鸟，其状如鸱，赤足而直喙，黄文而白首，其音如**鹄**，见则其邑[2]大旱。

「上古百科」

鹗(è)：也叫鱼鹰，头顶和颈后羽毛白色，有暗褐色纵纹，头后羽毛延长成矛状。趾具锐爪，趾底遍生细齿，外趾能前后转动，适于捕鱼。

注释

①晨鹄(hú)：鹗鹰之类的鸟。②邑：这里泛指有人聚居的地方。

译文

再往西北四百二十里，是座钟山。钟山山神的儿子叫作鼓，鼓的形貌是人的脸面而龙的身子，他曾和钦䲹神联手在昆仑山南面杀死天神葆江，天帝因此将鼓与钦䲹诛杀在钟山东面一个叫㟮崖的地方。钦䲹化为一只大鹗，形状像普通的雕鹰却长有黑色的斑纹和白色的脑袋，红色的嘴巴和老虎一样的爪子，发出的声音如同晨鹄鸣叫，一出现就有大的战争；鼓也化为鵕鸟，形状像一般的鹞鹰，但长着红色的脚和直直的嘴，身上是黄色的斑纹而头却是白色的，发出的声音与鸿鹄的鸣叫很相似，在哪个地方出现那里就会有旱灾。

「上古百科」

鹄：也叫鸿鹄，即天鹅，脖颈很长，羽毛白色，鸣叫的声音洪亮。

阅读链接

黄帝有四张面孔，东南西北四方动静都可同时注意，因此天上人间的一切事情，都难逃他的法眼。

一天，钟山山神烛阴的儿子、人面龙身的鼓和人首马躯的凶神钦，一起将葆江诱骗至昆仑山的南坡，将其杀害，并且毁尸灭迹。黄帝看到了他们的恶行，为了伸张正义，他派遣天杀星下凡，千里缉凶，在钟山东面的㟮崖追及那两个恶徒，将其一起处斩，为可怜的葆江报了仇雪了恨。

原文

西南四百里，曰昆仑之丘[1]，是实惟帝之下都，神陆吾司之。其神状虎身而九尾，人面而虎爪；是神也，司天之九部及帝之囿时[2]。有兽焉，其状如羊而四角，名曰土蝼，是食人。有鸟焉，其状如蜂，大如鸳鸯，名曰钦原，蠚[3]鸟兽则死，蠚木则枯。有鸟焉，其名曰**鹑鸟**，是司帝之百服。有木焉，其状如棠，黄华赤实，其味如李而无核，名曰沙棠，可以御水，食之使人不溺。有草焉，名曰蘋（pín）草，其状如葵，其味如葱，食之已劳。河水出焉，而南流东注于无达。赤水出焉，而东南流注于泛天之水。洋水出焉，而西南流注于丑涂之水。黑水出焉，而西流于大杅（yú）。是多怪鸟兽。

「上古百科」

鹑鸟：传说中的凤凰之类的鸟，和上文所说的鹑鸟即鹌鹑不同。

注释

①昆仑之丘：即昆仑山，神话传说中天帝居住的地方。②九部：据古人解释是九域的部界。囿（yòu）：古代帝王畜养禽兽的园林。③蠚（hē）：毒虫类咬刺。

译文

往西南四百里，是座昆仑山，这里确实是天帝在下界的都邑，天神陆吾主管它。这位天神的形貌是老虎的身子，却有九条尾巴，一副人的面孔可长着老虎的爪子，这个神，主管天上的九部和天帝苑圃的时节。山中有一种野兽，形状像普通的羊却长着四只角，名称是土蝼，是能吃人的。山中有一种禽鸟，形状像一般的蜜蜂，大小与鸳鸯差不多，名称是钦原，这种钦原鸟刺螫其他鸟兽就会使它们死去，刺螫树木就会使树木枯死。山中还有另一种禽鸟，名称是鹑鸟，它主管天帝日常生活中各种器用服饰。山中又有一种树木，形状像普通的棠梨树，却开着黄色的花朵并结出红色的果实，味道像李子却没有核，名称是沙棠，可以用来辟水，人吃了它就能漂浮不沉。山中还有一种草，名称是蘋草，形状很像葵菜，但味道与葱相似，吃了它就能使人解除烦恼、忧愁。黄

「专家解疑」

邑(yì):①城市。②古时县的别称。

河水从这座山发源，然后向南流而东转注入无达山。赤水也发源于这座山，然后向东南流入泛天水。洋水也发源于这座山，然后向西南流入丑涂水。黑水也发源于这座山，然后向西流到大杆山。这座山中有许多奇怪的鸟兽。

阅读链接

天神陆吾是人面、虎身、虎爪、九尾。虎自古被人称为兽中之王，天神陆吾化为虎形，以获得虎的威严与力量，这也从侧面反映了古人对虎的图腾崇拜。

「知识百科」
图腾：原始社会的人认为跟本氏族有血缘关系的某种动物或自然物，一般用作本氏族的标志。[英 totem]

原文

又西三百五十里，曰玉山，是西王母所居也。西王母其状如人，豹尾虎齿而善啸①，蓬发戴胜②，是司天之厉及五残。有兽焉，其状如犬而豹文，其角如牛，其名曰狡，其音如吠犬，见则其国大穰。有鸟焉，其状如翟而赤，名曰胜（qìng）遇，是食鱼，其音如录，见则其国大水。

注释

①啸：兽类长声吼叫。②胜：指玉胜，古时用玉制作的一种首饰。

「上古百科」
玉山：据古人讲，这座山遍布着玉石，所以叫作玉山。

译文

再往西三百五十里，是座玉山，这是西王母居住的地方。西王母的形貌与人一样，却长着豹子一样的尾巴和老虎一样的牙齿，而且喜好啸叫，蓬松的头发上戴着玉胜，是主管上天灾厉和五刑残杀之气的。山中有一种野兽，形状像普通的狗却长着豹子的斑纹，头上的角与牛角相似，名称是狡，发出的声音如同狗叫，在哪个国家出现就会使那个国家五谷丰登。山中还有一种禽鸟，形状像野鸡却通身是红色，名称是胜遇，是能吃鱼类的，发出的声音如同鹿在鸣叫，在哪个国家出现就会使那个国家发生水灾。

「专家解疑」
五谷：五种谷物，古书中有不同的说法，通常指稻、黍、稷、麦、豆，泛指粮食作物。

阅读链接

西王母即我们平时所说的王母娘娘，但是《山海经》中描述的西王母形象与后来人们所熟知的王母形象差异很大。《元始上真众仙记》："……复经二劫，忽生太元玉女在石涧积血之中，出而能言，人形具足，天姿绝妙，常游厚地之间，仰吸天元，号曰太元圣母……生天皇十三头，治三万六千岁，书为扶桑大帝东王公号曰元阳父。又生九光玄女，号曰太真王母，是西汉夫人。"太真王母即西王母。

原文

又西三百里，曰阴山。浊浴之水出焉，而南流注于蕃泽，其中多文贝。有兽焉，其状如狸而白首，名曰天狗，其音如榴榴，可以御凶。

又西二百二十里，曰三危之山，三青鸟居之。是山也，广员百里。其上有兽焉，其状如牛，白身四角，其豪如披蓑①，其名曰獓（ào）䚶（yē），是食人。有鸟焉，一首而三身，其状如䴅②，其名曰鸱。

「上古百科」

三青鸟：神话传说中的鸟，专为西王母取送食物。

注释

①豪：豪猪身上的刺。这里指长而刚硬的毛。蓑（suō）：遮雨用的草衣。

②䴅（luò）：与雕鹰相似的鸟，黑色斑纹，红色脖颈。

译文

再往西三百里，是座阴山。浊浴水从这座山发源，然后向南流入蕃泽，水中有很多五彩斑斓的贝壳。山中有一种野兽，形状像狸猫却是白脑袋，名称是天狗，它发出的叫声与"榴榴"的读音相似，人饲养它可以避凶邪之气。

「专家解疑」

斑斓：灿烂多彩。也作斒斓。

再往西二百二十里，是座三危山，三青鸟栖息在这里。这座三危山，方圆百里。山上有一种野兽，形状像普通的牛，却长着白色的身子和四只角，身上的硬毛又长又密，好像披着蓑衣，名称是獓㹙，是能吃人的。山中还有一种禽鸟，长着一个脑袋却有三个身子，形状与鸫鸟很相似，名称是鸱。

「专家解疑」
方圆：①指周围。②指周围的长度。③指面积。④方形和圆形。

阅读链接

三青鸟本是中国古代神话中的神鸟，文学上，常常被当作传递信息的使者。后人更是将它看作是传递幸福佳音的使者。李商隐著名的《无题》诗中云："蓬山此去无多路，青鸟殷勤为探看。"南唐中主李璟有诗："青鸟不传云外信，丁香空结雨中愁。"

原文

西南三百六十里，曰崦嵫之山，其上多丹木，其叶如榖，其实大如瓜，赤符而黑理[1]，食之已瘅，可以御火。其阳多龟，其阴多玉。苕水出焉，而西流注于海，其中多砥砺[2]。有兽焉，其状马身而鸟翼，人面蛇尾，是好举人，名曰孰湖。有鸟焉，其状如鸮（xiāo）而人面，蜼身犬尾[3]，其名自号也，见则其邑大旱。

凡西次四经，自阴山以下，至于崦嵫之山，凡十九山，三千六百八十里。其神祠礼，皆用一白鸡祈，糈以稻米，白菅为席。

右西经之山，凡七十七山，一万七千五百一十七里。

「上古百科」
崦（yān）嵫（zī）之山：即崦嵫山，神话传说是太阳落入的地方，山下有蒙水，水中有虞渊。

注释

①符："柎"的假借字。柎：花萼。②砥（dǐ）砺（lì）：两种磨刀用的石头。细磨刀石叫砥，粗磨刀石叫砺，后一般合起来泛指磨石。③蜼（wèi）：传说中的一种猴子，似猕猴之类。

译文

再向西南三百六十里的地方，叫作崦嵫山。山上生长着茂盛的丹木树，树的叶同穀树叶相似，它结的果实像瓜一样大，红色的花萼却带有黑色的纹理。吃了这种树的果实，可以治疗黄疸病，还可以防御火灾。山向阳的南坡有很多乌龟，山背阴的北坡有很多美玉。苕水发源于这座山，向西流去，注入大海，水中遍布着很多磨刀石。山中生长着一种兽，它的形体像马的体态，但却生着鸟一样的翅膀，人的面孔，蛇一样的尾巴，它喜欢把人抱举起来，它名叫孰湖。山中生长着一种鸟，它的形体很像鸮鸟，却长着一副人脸，身子和猕猴相似，但长着狗一样的尾巴。它的名字从它的叫声中自呼出来，它出现在哪个地方，那里就会大旱。

「专家解疑」

黄疸：病人的皮肤、黏膜和眼球的巩膜发黄的症状，由血液中胆红素增高而引起。某些肝胆疾病有这种症状。

总计西方第四列山系，从阴山到崦嵫山，一共十九座山，途经三千六百八十里。祭祀山神都是用一只白色的鸡当作供品来祈祷，祀神用的是稻米，用白茅草当作席子。

以上所列的西经之山，共七十七座山，蜿蜒长达一万七千五百一十七里。

阅读链接

我们知道，砥砺是两种磨刀石，郭璞注释：“磨石也。精为砺。”由此引申出磨砺。砥砺也有磨炼和勉励的意思。“镇抚吏士，砥厉其节”（《后汉书·冯衍传》）中的“砥厉”即磨炼的意思。“案平政教，审节奏，砥砺百姓”（《荀子·王制》）中则为勉励的意思。

「知识百科」

《后汉书·冯衍传》：《后汉书》中的一篇。《后汉书》是由南朝刘宋时期的历史学家范晔编撰，记载东汉历史（25-220）的纪传体史书。与《史记》《汉书》《三国志》合称“前四史”。

相关故事

相传西王母最早不是住在瑶池，而是住在三危山上，那么，后来她为什么搬到瑶池去居住呢？这里有一个美丽的传说。

西王母身侧常伴有美丽的三青鸟，每次出门都要三青鸟送信引路。有一次，西王母外出，发现千枝莲花蒲团忘带了，于是便差三青鸟回去取。三青鸟飞回三危山，发现美丽的三危山烟雾弥漫，火光冲天。三青鸟顾不得自己的安危，勇敢地冲入火海，但是，终因力量单薄，未能扑灭大火。西王母发现三青鸟迟迟未归，于是回到三危山，看到山上的熊熊大火，立即使用法力，浇灭大火。只是原本景色优美的三危山变得光秃秃的了，西王母就搬到了瑶池。因为这个传说，三危山成了远古时代的名山，也成了人们口口相传的灵山。人们在三危山上修建了庙宇，古往今来，香火不断。三危山位于著名的莫高窟对面，其“三峰耸立，如危欲坠，故云三危”。“危峰东峙”是敦煌八景之一。

「知识百科」

敦煌八景：两关遗迹、千佛灵岩、危峰东峙、党水北流、月泉晓彻、古城晚眺、绣壤春耕、沙岭晴鸣被称为“敦煌八景”。

阅读思考

1.《山海经》中的西王母是什么形象？

2. 肥𧐢是什么动物？其外形有什么特点？

3. 麝香是从麝的哪个部位取得的？

北山经

北山经主要记述了一系列位于中国北部的山川，并且介绍了在这些山上生长的动植物、出产的矿物、相关的神话传说、掌管这些山的山神及祭祀方法等。在这一章有一个非常著名的神话传说——精卫填海。精卫是谁？它为什么要填海？带着这些疑问，我们一起来翻开北山经的画卷吧。

原文

「上古百科」
机木：即桤（qī）木树，长得像榆树，把枝叶烧成灰撒在稻田中可作肥料用。

北山经之首，曰单狐之山，多**机木**，其上多华草。逢（féng）水出焉，而西流注于泑水，其中多茈石、文石[1]。

又北二百五十里，曰求如之山，其上多铜，其下多玉，无草木。滑水出焉，而西流注于诸毗之水。其中多滑鱼，其状如鳝[2]，赤背，其音如梧[3]，食之已疣[4]。其中多水马，其状如马，文臂牛尾，其音如呼。

注释

①茈石：紫颜色的漂亮石头。文石：有纹理的漂亮石头。②鳝（shàn）：即鳝鱼。俗称黄鳝，体型如蛇，又长又圆又光滑，肉味鲜美。③梧：枝梧，也作“支吾”，用含混的言语搪塞。④疣：皮肤上的赘生物，俗称瘊子。

译文

北方第一列山系的第一座山，叫作单狐山。山上生长着茂密的桤树，还生长着茂盛的花草。逢水发源于这座山，向西流去，注入泑水，水中有很多紫石和文石。

向北二百五十里的地方，叫作求如山。山中遍布着很多铜，山下遍布着很多美玉。山顶光秃，没有生长花木杂草。滑水发源于此山，向西流去，注入诸毗水。水中生长着很多滑鱼，它长的形状像鳝鱼，红色的脊背，它的叫声如人们支吾说话，吃了这种鱼，能够治疗赘瘤。水中还生长着很多水马，它长的形状与马相似，前脚上有花纹，却长着牛尾一样的尾巴，它发出的叫声很像人叫喊的声音。

「专家解疑」

支吾：说话含混躲闪；用含混的话搪塞。

阅读链接

现在我们所说的滑鱼即指鳝鱼，鳝鱼适应能力强，分布范围很广。鳝鱼是一种很独特的鱼，具有雌雄性逆转的特性，即第一次性成熟时为雌性，而第二次性成熟开始又变成雄性。另外，鳝鱼虽然是鱼，却不是用鳃呼吸，而是靠喉部的表面微细血管直接吸取空气。因此，我们要把鳝鱼存放在阴凉地方，保持潮湿，这样才能使鳝鱼鲜活。

原文

又北二百里，曰丹熏之山，其上多樗（chū）柏，其草多韭䪥，多丹雘（huò）。熏水出焉，而西流注于棠水。有兽焉，其状如鼠，而菟首麋身[1]，其音如獋（háo）犬，以其尾飞，名曰耳鼠，食之不睬[2]，又可以御百毒[3]。

又北二百八十里，曰石者之山，其上无草木，多瑶碧。泚水出焉，西流注于河。有兽焉，其状如豹，而文题白身[4]，名

「上古百科」

䪥（xiè）：也叫藠头，一种野菜，茎可食用，并能入药。

曰孟极，是善伏，其鸣自呼。

注释

①菟（tù）：通“兔”。②脎（cǎi）：鼓胀。③百：这里表示多的意思，非实指。④文：花纹。这里指野兽的皮毛因多种颜色相间杂而呈现出的斑纹或斑点。题：额头。

译文

再向北二百里，叫作丹熏山。山上生长着茂密的樗树和柏树，在草丛中以韭䪥最多，还盛产红色的涂漆。熏水从这座山中流出，向西流去，注入棠水。山中有一种兽，它的形体很像老鼠，但长着兔子头，麋的身体，它的叫声像狗叫，它的前后肢间有宽而多毛的薄膜，能借此滑翔。它的名字叫耳鼠，吃了它的肉，人可以不害鼓胀病，还可以防御百毒之害。

再向北二百八十里的地方，叫作石者山。山上没有生长树木花草，却有很多叫作瑶碧的美玉。泚水发源于这座山，向西流去，注入黄河。山中有一种兽，它的形体很像豹子，但额头上的皮毛有花纹，身上的毛皮则是白色的，它名叫孟极。这种兽善于埋伏隐藏，它的叫声便是自呼其名。

「专家解疑」

滑翔：某些物体不依靠动力，而利用空气的浮力和本身重力的相互作用在空中飘行。

阅读链接

跟孟极这种几乎只是生活在传说中的异兽相比，耳鼠则是生活在我们身边的一种可爱的小动物，即我们平时所说的长耳鼠，主要分布于我国内蒙古西部、甘肃北部、青海的柴达木盆地以及新疆的东部和南部。长耳鼠吻尖，眼小而耳朵极大，可以滑翔，被称为“沙漠中的米老鼠”，是人们争相寻购的宠物。但是，因为其生存环境被严重破坏，长耳鼠已经濒临灭绝。

原文

又北三百二十里，曰灌题之山，其上多樗**柘**，其下多流沙，多砥。有兽焉，其状如牛而白尾，其音如訆[1]，名曰那父。有鸟焉，其状如雌雉而人面，见人则跃，名曰竦（sǒng）斯，其鸣自呼也。匠韩之水出焉，而西流注于泑泽，其中多磁石。

又北二百里，曰潘侯之山，其上多松柏，其下多榛（zhēn）楛（hù），其阳多玉，其阴多铁。有兽焉，其状如牛，而四节生毛，名曰旄牛。边水出焉，而南流注于栎泽。

「上古百科」
柘（zhè）：柘树，也叫黄桑、奴柘。落叶灌木，叶子可以喂蚕，果子可以食用，树皮可以造纸。

注释

①訆（jiào）：同“叫”。大呼。

译文

再向北三百二十里的地方，叫作灌题山。山上生长着茂密的樗树和柘树。山下沉积着很多的流沙，还有很多的磨刀石。山中有一种兽，它的形体同牛相似，而尾巴则是白色的，它叫的声音像人在呼唤，它的名字叫那父。山中还有一种鸟，它的形体像母鸡，但长着人面，见到人，就会跳跃，它的名字叫竦斯，它叫的声音便是自身名称的读音。匠韩水发源于这座山，向西流去，注入泑泽，泽中有很多磁石（人们可以从这种磁石中提炼出磁铁来）。

再向北二百里的地方，叫作潘侯山。山上生长着茂密的松树和柏树，山下生长着茂密的榛木和楛木。山向阳的南坡遍布着玉石，山背阴的北坡蕴藏着丰富的铁。山中有一种兽，它的形体同牛相似，而背和膝及腹、尾部都生着长毛，它名叫旄牛。边水发源于这座山，向南流去，注入栎泽。

「专家解疑」
提炼：用化学方法或物理方法从化合物或混合物中提取（所要的东西）。

阅读链接

对于磁石大家应该都不陌生，磁石俗称吸铁石，今称磁铁石。它是一种天然矿石，具有吸引铁、镍、钴等金属物质的属性。中国古代四大发明之一的指南针，就是利用磁石制作而成。

「知识百科」中国古代四大发明：造纸术、指南针、火药和活字印刷术。

原文

又北百七十里，曰堤（tí）山，多马。有兽焉，其状如豹而文首，名曰狕（yǎo）。堤水出焉，而东流注于泰泽，其中多龙龟①。

凡北山经之首，自单狐之山至于堤山，凡二十五山，五千四百九十里，其神皆人面蛇身。其祠之：毛用一雄鸡彘瘗（yì），吉玉用一珪，瘗而不糈。其山北人，皆生食不火之物。

「上古百科」马：指一种野马，与一般的马相似而个头小一些。

注释

①龙龟：也有把龙龟看作是一种动物的，即龙种龟身的吉吊。

译文

再向北一百七十里的地方，叫作堤山，山中有很多野马。山中还有一种兽，它的形体同豹很相似，而头上有花纹，它名叫狕。堤水发源于这座山，向东流去，注入泰泽，水中藏着很多龙龟。

北山经群山，从单狐山开始，到堤山为止，总共二十五座山，蜿蜒五千四百九十里。这些山中的神仙，都是人面蛇身。在神祠中祭祀时，把完整带毛的雄鸡和猪埋在土里，并用美玉制成一件珪（古代典礼时用的一种玉器），也把它埋在土里而不用米做祭品。这些山的北面居住的人都生食，不用火。

阅读链接

关于文中的“龙龟”，清代郝懿行云：“疑即吉吊也，龙种龟身，故曰龙龟。”而吉吊一词出自《北梦琐言逸文》：“海上人云，龙生三卵，一为吉吊。”

「知识百科」
《北梦琐言逸文》：《北梦琐言》中内容，《北梦琐言》是宋代孙光宪所撰的古代汉族笔记小说集，记载唐武宗迄五代十国的史事，原帙三十卷，今本仅存二十卷。

原文

又北三百八十里，曰湖灌之山，其阳多玉，其阴多碧，多马。湖灌之水出焉，而东流注于海，其中多䱇[①]。有木焉，其叶如柳而赤理。

又北水行五百里，流沙三百里，至于洹（huán）山，其上多金玉。三桑生之，其树皆无枝，其高百仞。百果树生之。其下多怪蛇。

注释

①䱇（shàn）：同“鳝”。即黄鳝。

译文

再向北三百八十里的地方，叫作湖灌山。山向阳的南坡遍布着玉石，山背阴的北坡遍布着碧玉，山上生活着很多野马。湖灌水发源于这座山，向东流去，注入大海。水中生活着很多鳝鱼。山中生长着一种树，树叶同柳叶相似，却有着红色的纹理。

再向北行五百里水路，然后通过三百里路程的流沙，就到了洹山。山上遍布着黄金和美玉，三桑在山中生长着，这种树都不长树枝，树干高达八十丈。各种果树也生长在这座山中。此外，山的下面，生活着很多奇异的蛇。

「专家解疑」

丈：长度单位，10尺等于1丈，10丈等于1引。1市丈合$3\frac{1}{3}$米。

阅读链接

关于三桑，有一个非常耐人回味的传说。《齐民要术》卷十“桑”引《括地图》曰：“化民食桑，三十七年，以丝自裹，九年生翼，九年而死，其桑长千仞，盖蚕类也。去琅邪二万六千里。”

「知识百科」

《齐民要术》：由北朝北魏时期，南朝宋至梁时期的杰出农学家贾思勰所著。“齐民”是指平民百姓，“要术”是指谋生方法。是一部综合性的农学著作，也是世界农学史上最早的专著之一。

原文

北次三经之首，曰太行之山。其首曰归山，其上有金玉，其下有碧。有兽焉，其状如麢羊而四角，马尾而有距①，其名曰驿（hún），善还②，其名自训。有鸟焉，其状如鹊，白身、赤尾、六足，其名曰鶨（fén），是善惊，其鸣自设③。

又东北二百里，曰龙侯之山，无草木，多金玉。决决之水出焉，而东流注于河。其中多人鱼，其状如鯑（tí）鱼，四足，其音如婴儿，食之无痴疾。

注释

①距：雄鸡、野鸡等的跖后面突出像脚趾的部分。这里指鸡爪子。②还（xuán）：通“旋”。旋转。③设（jiào）：叫，呼。

译文

北方第三列山系开头的第一座山叫作太行山，在太行山的起始部分，称为归山。山上遍布着黄金和美玉，山下盛产精美的碧玉。山中生活着一种奇异的兽，它的形体同羚羊很相似，但头部却长着四只角，尾巴像马尾，脚像鸡爪，它的名字叫䮝。它善于盘旋舞蹈，它的叫声就是自身名称的读音。山中还生活着一种鸟，它的形体同喜鹊相似，身上长着白色的羽毛，尾巴上的羽翎是红色的，共长着六只脚，它名叫鷾。这种鸟容易受惊，它的叫声也是自呼其名。

再向东北二百里的地方，叫作龙侯山。山顶光秃，没有生长花草树木，山上遍布着黄金和美玉。决决水发源于这座山，向东流去，注入黄河。水中生活着很多人鱼，它的体型很像娃娃鱼，长着四只脚，它的叫声很像婴儿啼哭。人们如果吃了这种鱼，不会患痴呆症。

「专家解疑」
盘旋：①环绕着飞或走。②徘徊；逗留。

阅读链接

提到人鱼，大家应该会立刻联想到安徒生童话《海的女儿》中的小美人鱼。其实，人鱼的传说不仅在西方国家有众多版本，中国、日本也各有不同的传说，如《山海经》中所述的人鱼。另外，据说日本大阪市瑞龙寺收藏着一具人鱼标本。

「知识百科」
安徒生童话：丹麦作家安徒生的童话作品，也是世界上最有名的童话作品集之一。《海的女儿》就是其中最著名的童话之一。

原文

又北百里，曰王屋之山，是多石。𣸣(lián)水出焉，而西北流于泰泽。

又东北三百里，曰教山，其上多玉而无石。教水出焉，西流注于河，是水冬干而夏流，实惟干河。其中有两山。是山也，广员三百步，其名曰发丸之山[①]，其上有金玉。

又南三百里，曰景山，南望盐贩之泽，北望少泽，其上多草、藷萸，其草多秦椒，其阴多赭，其阳多玉。有鸟焉，其状如蛇，而四翼、六目、三足，名曰酸与，其鸣自设，见则其邑有恐。

「上古百科」
藷（shǔ）萸（yù）：一种植物，根像羊蹄，可以食用，就是今天所说的山药。

「上古百科」
秦椒：一种草，所结的子实像花椒，叶子细长。

注释

①发丸之山：据古人讲，发丸山居于水中，形状似神人所发射的两颗弹丸，所以这样叫。

译文

再往北一百里，是座王屋山，这里到处是石头。㴸水从这座山发源，然后向西北流入泰泽。

再往东北三百里，是座教山，山上有丰富的玉石而没有石头。教水从这座山发源，向西流入黄河，这条河水到了冬季干枯而在夏季流水，确实可说是干河。教水的河道中有两座小山，方圆各三百步，名称是发丸山，小山上蕴藏着金属矿物和玉石。

再往南三百里，是座景山，在山上向南可以望见盐贩泽，向北可以望见少泽。山上生长着茂密的丛草、山药，这里的草以秦椒最多，山北阴面多出产赭石，山南阳面多出产玉石。山里有一种禽鸟，形状像一般的蛇，却长有四只翅膀、六只眼睛、三只脚，名称是酸与，它发出的叫声便是自身名称的读音，在哪个地方出现，那里就会发生使人惊恐的事情。

「知识百科」
《列子·汤问》：《列子》中的一篇，是战国时期列御寇所作。《汤问》一篇共十五个部分，分别虚构了十五个诙诡奇谲的海外奇谈，并以寓言故事形式出现，其中不乏有教益的故事。

阅读链接

本段文字中的王屋山及上文中的太行山还有一个有名的神话故事，相信大家都读过，那就是《愚公移山》的故事。故事开篇就是描述这两座山："太行、王屋二山，方七百里，高万仞。本在冀州之南，河阳之北。"（《列子·汤问》）

原文

又东北二百里，曰**轩辕之山**，其上多铜，其下多竹。有鸟焉，其状如枭而白首，其名曰黄鸟，其鸣自谈，食之不妒。

「上古百科」
轩辕之山：轩辕氏居住的地方，他曾在此娶西陵氏女，因此这座山叫作轩辕山。轩辕氏，就是黄帝。

又北三百里，曰神囷（qūn）之山，其上有文石，其下有白蛇，有飞虫[①]。黄水出焉，而东流注于洹。滏水出焉，而东流注于欧水。

又北二百里，曰发鸠之山，其上多柘（zhè）木。有鸟焉，其状如乌，文首、白喙、赤足，名曰精卫，其鸣自诙。是**炎帝**之少女，名曰女娃（wā），女娃游于东海，溺而不返，故为精卫，常衔西山之木石，以堙[②]于东海。漳水出焉，东流注于河。

「上古百科」
炎帝：号称神农氏，传说中的上古帝王。与黄帝轩辕氏并称为中华始祖。

注释

①虫：指蠛（miè）蠓、蚊子之类的小飞虫，成群成堆地乱飞，遮天蔽日。
②堙（yīn）：堵塞。

译文

再向东北二百里的地方，叫作轩辕山。山上蕴藏着丰富的铜矿，山下生长着茂盛的竹林。山中飞翔着一种奇异的鸟，它的形体很像枭，但头部长的是白色羽毛，它名叫黄鸟，它的叫声就是自呼其名。人们如果吃了这种黄鸟的肉，就不会产生嫉妒他人的念头。

「专家解疑」
嫉妒：对才能、名誉、地位或境遇等胜过自己的人心怀怨恨。

再向北三百里的地方，叫作神囷山。山上遍布着带有各种花纹的石头，山下面有很多白色的蛇，有能飞的小虫。黄水发源于这座山，向东流去，注入洹水。滏水也发源于这座山，向东流去，注入欧水。

再向北二百里的地方，叫作发鸠山，山上生长着茂密的柘树林。山中有一种鸟，它的形体同乌鸦相似，但头部有花纹，嘴是白色的，足是红色的，这种鸟名叫精卫。它鸣叫的声音很像自己呼叫自己。精卫鸟，是炎帝最小的女儿女娃，到东海游泳，被淹死海中，没有返回，化成了精卫鸟，它常常衔着西山上的小树枝和碎石去填东海。漳水发源于这座山，向东流去，注入黄河。

阅读链接

精卫的父亲炎帝就是神农氏，姜姓部族的首领，号烈山氏。他是少典娶有蟜氏而生的孩子，最早居住在姜水流域，后向东发展，到中原地区。曾与黄帝在阪泉平作战，被打败。在炎帝时代，天上降下谷粟，炎帝把这些谷粟收起后种在地下，于是五谷丰收，百果结实，吃了这些果物的人从此老而不死。因此，炎帝又叫神农。

「专家解疑」
中原：指黄河中下游地区，包括河南的大部分地区、山东的西部和河北、山西的南部。

原文

又北百里，曰绣山，其上有玉、青碧。其木多栒[①]，其草多芍药、芎（xiōng）䓖（qióng）。洧（wěi）水出焉，而东流注于河，其中有鳠、黾[②]。

又北三百里，曰维龙之山，其上有碧玉，其阳有金，其阴有铁。肥水出焉，而东流注于皋泽，其中多礨石[③]。敞铁之水出焉，而北流注于大泽。

「上古百科」
芍（sháo）药：多年生草本花卉，初夏开花，与牡丹相似，花朵大而美丽，有白、红等颜色。

注释

①栒（xún）：栒树，古人常用树干部分的木材制作拐杖。②鳠（hù）：鳠鱼，体态较细，灰褐色，头扁平，背鳍、胸鳍相对有一硬刺，后缘有锯齿。黾（měng）：蛙的一种，形体同蛤蟆相似而小一些，皮肤青色。③礨（lěi）石：礨的本义是地势突然高出的样子。礨石在这里指河道中的大石头高出水面许多，显得突兀。

译文

再向北一百里的地方，叫作绣山。山中有许多精美的玉石，还有很多青玉和碧玉，在茂密葱茏的树林中，以可以用来做老年人拄杖的枸木为最多。在丛生的杂草中，夹杂着芍药和芎䓖一类的香草。洧水从山中滔滔流出，向东流去，注入黄河。在水流中生活着很多的鳠鱼和青蛙。

再向北三百里的地方，叫作维龙山。山上遍布着精美的碧玉，山向阳的南坡有很多黄金，山背阴的北坡蕴藏着丰富的铁。肥水从山中奔涌而出，向东滚滚流去，注入皋泽，水中有很多大石头。敞铁水发源于这座山，往北滔滔流去，注入大泽。

阅读链接

芍药被人们誉为"花仙"和"花相"，是"六大名花"之一，又被称为"五月花神"。芍药自古就被看作爱情之花，现在是七夕节的代表花卉。芍药自古以来就被众多文人墨客所吟咏，南宋姜夔词作《扬州慢·淮左名都》中名句："念桥边芍药，年年知为谁生？"《红楼梦》第六十二回"史湘云醉眠芍药茵"更是非常美丽的场景之一。

「知识百科」

六大名花：中国的六大名花分别是梅、兰、荷、菊、牡丹、芍药。

原文

又北五百里，曰伦山。伦水出焉，而东流注于河。有兽焉，其状如麋，其川①在尾上，其名曰罴（pí）。

又北五百里，曰碣（jié）石之山。绳水出焉，而东流注于河，其中多蒲夷之鱼。其上有玉，其下多青碧。

又北水行五百里，至于雁门之山，无草木。

「上古百科」

雁门之山：即雁门山，位于白水、宜君交界处，海拔一千多米。传说古时有一只神雁落此山，故名雁门山。

注释

①川：古人注"川"为"窍"。上窍谓耳目鼻口，下窍谓前阴后阴。这里的窍是指后阴而言，就是肛门的意思。

译文

再向北五百里的地方，叫作伦山。伦水发源于这座山，奔流向东，注入黄河。山中生长着一种兽，它的形体像麋，它的肛门长在尾巴上，它的名字叫作罴。

再向北五百里的地方，叫作碣石山。绳水发源于这座山，蜿蜒向东流去，注入黄河。在河水中生长着很多蒲夷鱼。（它的形体似蛇，有六只足，它的眼睛像马的眼睛，人们吃了这种鱼的肉，可以不做噩梦。）山上遍布着晶莹的玉石，山下也有很多青玉和碧玉。

再向北走五百里的水路，便到了雁门山。山上荒芜光秃，没有生长树木花草。

「专家解疑」
荒芜（wú）：（田地）因无人管理而长满野草。

阅读链接

雁门山群峰挺拔、地势险要，建有著名的雁门关，一夫当关，万夫莫开，自古以来都是兵家必争之地，故说："天下九塞，雁门为首。"关于雁门山和雁门关的诗词歌赋、历史故事数不胜数，如唐李贺的《雁门太守行》："黑云压城城欲摧，甲光向日金鳞开。角声满天秋色里，塞上胭脂凝夜紫。半卷红旗临易水，霜重鼓寒声不起。报君黄金台上意，提携玉龙为君死。"

原文

又北水行四百里，至于泰泽。其中有山焉，曰帝都之山，广员百里，无草木，有金玉。

又北五百里，曰錞（dūn）于毋逢之山，北望鸡号（háo）之山，其风如飚（lì）。西望幽都之山，浴水出焉。是有大蛇，赤首白身，其音如牛，见（xiàn）则其邑大旱。

「上古百科」
金：金属元素，符号Au。黄色，有光泽，质软，延展性强，化学性质稳定。是贵重金属，用来制造货币、装饰品等。通称金子或黄金。

凡北次三经之首，自太行之山以至于无逢之山[1]，凡四十六山，万二千三百五十里。其神状皆马身而人面者廿[2]神。其祠之：皆用一藻[3]茝（chǎi）瘗之。其十四神状皆彘身而载[4]玉。其祠之：皆玉，不瘗。其十神状皆彘身而八足、蛇尾。其祠之：皆用一璧瘗之。大凡四十四神，皆用稌糈米祠之。此皆不火食。

右北经之山志，凡八十七山，二万三千二百三十里。

注释

①无逢之山：即上文所说的錞于毋逢山。②廿（niàn）：二十。③藻：聚藻，一种香草。④载：通“戴”。

译文

再向北行四百里水路，便到达泰泽。泰泽浩渺无际，碧波万顷。在泰泽里面，屹立着一座奇伟大山，叫作帝都山。这座山方圆百里，但山上荒芜光秃，没有生长花草树木。山中蕴藏着丰富的矿物资源，其中以黄金最多，山上还遍布着精美绚丽的玉石。

再向北五百里的地方，有一座大山，叫作錞于母逢山。这座山挺拔险峻，巍然屹立。在其山巅，向北望去，鸡号山的景色，尽收眼底，从北面吹来强劲的风使人寒战；向西望去，幽都山景色一览无余。浴水发源于这座山，水流奔涌而出。在这座山中，生活着一种大蛇，头部是红色的，身子是白色的，它的叫声很像牛吼，这种蛇只要一出现，就预示着那里将出现大的旱灾。

北次三经的群山，从太行山起，至母逢山止，共有四十六座大山，蜿蜒曲折达一万二千三百五十里长。在这些山中所居住的神灵，其长相是马身人面共二十个神。在祠堂中祭祀神灵时，皆用聚藻、香草做祭品，埋于地下。另外还有十四个神灵，长相都像猪身子，却戴着用精美的玉石所制成的各种玉器。在祭祀这十四个神灵时，祭品应当用玉器，但不埋掉。还有十个神灵，长

「专家解疑」

浩渺：水面辽阔无边。

巍然：形容山或建筑物雄伟的样子。

屹立：像山峰一样高耸而稳固地立着，常用来形容坚定不可动摇。

相是猪身，但长着八个脚，长着像蛇一样的尾巴。在这些神灵的祠堂祭祀，都用一块精美的玉石，埋于地下。这四十四个神灵，在祭祀时，都用精选的米，这些神明，都吃生食，不吃用火煮、烤的熟食。

以上所记载的《北山经》中的群山，总共八十七座大山，蜿蜒长达二万三千二百三十里。

阅读链接

很早以前，黄金就是财富的象征，因为黄金数量较少、总量持续稳定、不易出现人为数量膨胀，且生产需花费较多劳动，所以黄金单位价值昂贵。自古埃及、古罗马时代起，黄金就被用来给其他物品衡量价值，近现代仍被作为通行货币来衡量其他商品价值的标准。

「知识百科」

古埃及：四大文明古国之一，位于非洲东北部尼罗河中下游地区，古埃及文明形成于公元前4000年左右，有举世闻名的金字塔。

相关故事

传说炎帝神农氏有两个非常有名的女儿，长女瑶姬（巫山神女）和小女女娃，一家人生活得非常幸福。

炎帝的部落驻扎处有一片海，有一种短茎椭圆状、开白花的植物就生长在东海水边的浅水滩上。女娃的父亲炎帝曾遍尝百草，告诉女娃这种植物有清火泻肚的功效，并且给这个植物取名“泽泻”，寓意“泽中泻草”。一天，女娃来到这里玩耍，不觉间越走越远，最后到了水深的地方，不幸溺水而亡。

「专家解疑」

驻扎：（军队）在某地住下。

溺（nì）水：淹没在水里。

炎帝因为女娃的死而悲痛万分，即使自己可以遍尝百草，用草药医治病痛，却不能使自己的女儿死而复生。

女娃死后，因为内心怨恨，其精魂变成了一只小鸟。这只小鸟头部有花纹，嘴是白色的，足是红色的，其叫声是“精卫、精卫”，于是，人们就叫它精卫鸟。精卫发誓要填平大海，于是每天衔西山的木石来填东海。

后来用“精卫填海”指有深仇大恨，立志报复。也比喻不畏艰难，努力奋斗。

阅读思考

1. 精卫为什么要填海?
2. “五月花神”是什么花?
3. 本章中描述的人鱼和童话故事里人身鱼尾的人鱼一样吗?

东山经

东山经之四列山系总共四十六座山，绵延长达一万八千八百六十里。认识这一系列山川的同时，也会认识到新的动植物、神话传说。这一章会有哪些异兽？它们有什么特点，又有哪些传说呢？让我们一起踏上东山经的山系，去触摸这些传说中的神奇异兽吧！

原文

东山经之首，曰樕（sù）螽（zhū）之山，北临乾（gān）昧。食水出焉，而东北流注于海。其中多鳙（yōng）鳙之鱼，其状如犁牛，其音如彘鸣。

又南三百里，曰藟（lěi）山，其上有玉，其下有金。湖水出焉，东流注于食水，其中多活师[①]。

注释

①活师：又叫活东，蝌蚪的别名，是青蛙、蛤蟆、娃娃鱼等两栖动物的幼体，头又圆又大而尾巴细小，游于水中。

译文

东方第一列山系的首座山，叫作樕螽山，北面与乾昧山相邻。食水从这座山发源，然后向东北流入大海。水中有很多鳙鳙鱼，形状像犁牛，发出的声音如同猪叫。

再往南三百里，是座虖山，山上有玉，山下有金。湖水从这座山发源，向东流入食水，水中有很多蝌蚪。

阅读链接

鳙鳙鱼因体型像牛，又叫牛鱼。传说，鳙鳙鱼的皮可以预测潮起潮落。将它的皮剥下后悬挂起来，将要涨潮时，皮毛竖起；将要落潮时，毛就伏下。鳙鳙鱼还很爱睡觉，如果受到惊动，就会发出很大的声音，据说可以传到一里以外。

「专家解疑」

涨潮：潮水升高。

落潮：退潮。海水在涨潮以后逐渐下降。

原文

又南四百里，曰高氏之山，其上多玉，其下多箴石[1]。诸绳之水出焉，东流注于泽，其中多金玉。

又南三百里，曰犲（chái）山，其上无草木，其下多水，其中多堪孖（xù）之鱼。有兽焉，其状如夸父而彘毛，其音如呼，见则天下大水。

又南三百里，曰泰山，其上多玉，其下多金。有兽焉，其状如豚而有珠，名曰狪（tóng）狪，其鸣自讠。环水出焉，东流注于江，其中多水玉。

「上古百科」

泰山：位于山东省泰安市中部，主峰玉皇顶海拔1545米，是“五岳之首”，世界文化与自然双重遗产，国家5A级旅游景区。

注释

①箴（zhēn）石：石针是古代的一种医疗器具，用石头磨制而成，可以治疗痈肿疽疱，排除脓血。箴石就是一种专门制作石针的石头。

译文

再往南四百里，是座高氏山，山上盛产玉石，山下盛产箴石。诸绳水从这座山发源，向东流入湖泽，水中有许多金属矿物和玉石。

再往南三百里，是座犲山，山上不生长花草树木，山下到处流水，水中有很多堪孖鱼。山中有一种野兽，形状像猿猴却长着一身猪毛，发出的声音如同人呼叫，一出现而天下就会发生水灾。

再往南三百里，是座泰山，山上盛产玉，山下盛产金。山中有一种野兽，形状与一般的猪相似而体内却有珠子，名称是狪狪，它发出的叫声便是自身名称的读音。环水从这座山发源，向东流入长江，水中有很多水晶石。

阅读链接

人们习惯称妻子的父亲为泰山，原因是泰山有丈人山峰。唐玄宗开元十三年，帝封禅于泰山，三公以下按例升迁一阶。当时大臣张说为封坛使，其婿郑鉴因此从九品连升四级迁为五品。明皇知道很是惊讶，并问左右，左右无言以对，伶人黄伯便奏曰：“此泰山之力也。”此后便将妻父叫泰山，妻母叫泰水。

「专家解疑」
升迁：调到另一部门，职位比原来提高。

原文

东次二经之首，曰空桑之山，北临食水，东望沮吴，南望沙陵，西望湣(mǐn)泽。有兽焉，其状如牛而虎文，其音如钦，其名曰軨(líng)軨，其鸣自叫，见则天下大水。

又西南四百里，曰峄(yì)皋(gāo)之山，其上多金玉，其下多白垩①。峄皋之水出焉，东流注于激女(rǔ)之水，其中多蜃珧。

「上古百科」
蜃(shèn)：大蛤(gě)。蛤是一种软体动物，贝壳卵圆形或略带三角形，颜色和斑纹美丽。

「上古百科」
珧(yáo)：小蚌。蚌是一种软体动物，贝壳长卵形，表面黑褐色或黄褐色，有环形。

注释

①白垩(è)：石灰岩的一种，主要成分是碳酸钙，是由古生物的残骸积聚形成的。白色，质软，分布很广，用作粉刷材料等。

译文

东方第二列山系之首座山，叫作空桑山，北面临近食水，在山上向东可以望见沮吴，向南可以望见沙陵，向西可以望见湣泽。

山中有一种野兽，形状像普通的牛却有老虎一样的斑纹，发出的声音如同人在呻吟，名称是软软，它发出的叫声便是自身名称的读音，一出现而天下就会发生水灾。

再往西南四百里，是座峄皋山，山上有丰富的金属矿物和玉石，山下有丰富的白垩。峄皋水从这座山发源，向东流入激女水，水中有很多大蛤和小蚌。

阅读链接

关于蚌这种常见的动物，还有一个非常有名的故事，那就是“鹬蚌相争，渔人得利”：蚌张开壳晒太阳，鹬去啄它，被蚌壳钳住了嘴，两方面都不肯相让。渔翁来了，把两个都捉住了（见于《战国策·燕策二》）。比喻双方争持不下，让第三方得到了好处。

原文

又南水行九百里，曰踇（mǔ）隅（yú）之山，其上多草木，多金玉，多赭。有兽焉，其状如牛而马尾，名曰精精，其鸣自叫。

又南水行五百里，流沙三百里，至于无皋之山，南望幼海，东望榑木，无草木，多风。是山也，广员百里。

凡东次三经之首，自尸胡之山至于无皋之山，凡九山，六千九百里。其神状皆人身而羊角。其祠：用一牡羊，糈用黍①。是神也，见则风雨水为败。

注释

①黍：一种谷物，性黏，籽粒供食用或酿酒。在脱皮以后，北方人称它为黄米。

「专家解疑」

呻吟：指人因痛苦而发出声音。

「知识百科」

《战国策·燕策二》：《战国策》中的一篇。《战国策》，又称《国策》，是一部国别体史书，主要记述了战国时期的纵横家的政治主张和言行策略。

「上古百科」

榑（fú）木：即扶桑，神话传说中的神木，叶似桑树叶，长数千丈，大二十围，两两同根生，更相依倚，而太阳就是从这里升起的。

译文

再往南行九百里水路，是座踇隅山，山上有茂密的花草树木，有丰富的金属矿物和玉石，还有许多赭石。山中有一种野兽，形状像一般的牛却长着马一样的尾巴，名称是精精，它发出的叫声便是自身名称的读音。

再往南行五百里水路，经过三百里流沙，便到了无皋山，从山上向南可以望见幼海，向东可以望见榑木，这里不生长花草树木，到处刮大风。这座山，方圆一百里。

总计东方第三列山系之首尾，自尸胡山起到无皋山止，一共九座山，途经六千九百里。诸山山神的形貌都是人的身子却长着羊角。祭祀山神：在毛物中用一只公羊做祭品，祀神的米用黄米。这些山神，一出现就会刮大风、下大雨、发大水而损坏庄稼。

阅读链接

扶桑，在下文中亦有详细描述："汤谷上有扶桑，十日所浴，在黑齿北。居水中，有大木，九日居下枝，一日居上枝。"（《海外东经》）可见，扶桑是十日所居之处，扶桑与太阳的关系也体现出了上古时代中国先民的宇宙观。

「上古百科」

鳅（qiū）鱼：即鳅鱼，也写成鳝鱼，形状像鳝鱼，长约三四寸，扁尾巴，青黑色，没有鳞甲而微有黏液。常潜居河湖池沼水田的泥土中，所以俗称泥鳅或泥鳝。

原文

又东次四经之首，曰北号之山，临于北海。有木焉，其状如杨，赤华，其实如枣而无核，其味酸甘，食之不疟。食水出焉，而东北流注于海。有兽焉，其状如狼，赤首鼠目，其音如豚，名曰獦（gé）狚（jū），是食人。有鸟焉，其状如鸡而白首，鼠足而虎爪，其名曰鬿（qí）雀，亦食人。

又南三百里，曰旄山，无草木。苍体之水出焉，而西流注于展水。其中多鱃鱼，其状如鲤而大首，食者不疣[1]。

注释

①疣（yóu）：同“肬”。一种小肉瘤，即长在人体皮肤上的小疙瘩，俗称瘊子。

译文

东方第四列山系之首座山，叫作北号山，屹立在北海边上。山中有一种树木，形状像普通的杨树，开红色花朵，果实与枣子相似但没有核，味道是酸中带甜，吃了它就能使人不患上疟疾病。食水从这座山发源，然后向东北流入大海。山中有一种野兽，形状像狼，长着红脑袋和老鼠一样的眼睛，发出的声音如同小猪叫，名称是獦狚，是能吃人的。山中还有一种禽鸟，形状像普通的鸡却长着白脑袋，老鼠一样的脚和老虎一样的爪子，名称是鬿雀，也是能吃人的。

再往南三百里，是座旄山，没有花草树木。苍体水从这座山发源，然后向西流入展水，水中生长着很多鱃鱼，形状像鲤鱼而头长得很大，吃了它的肉就能使人皮肤上不生瘊子。

「专家解疑」

疟（nüè）疾：急性传染病，病原体是疟原虫，由蚊子传播，周期性发作。症状是发冷发热、热后大量出汗、头痛、口渴、全身无力。有的地区叫冷热病。

阅读链接

不同于獦狚、鬿雀这种只存在于传说中的上古异兽，鱃鱼即我们平时所说的泥鳅，是一种非常常见的鱼。而且泥鳅味道鲜美、营养丰富，食用价值很高，被称为“水中之参”。

原文

又东北二百里，曰剡（shàn）山，多金玉。有兽焉，其状如彘而人面，黄身而赤尾，其名曰合窳（yǔ），其音如婴儿。是兽也，食人，亦食虫蛇，见则天下大水。

又东二百里，曰太山，上多金玉、桢木①。有兽焉，其状如牛而白首，一目而蛇尾，其名曰蜚，钩行水则竭，行草则死，见则天下大疫。钩水出焉，而北流注于劳水，其中多鱃鱼。

凡东次四经之首，自北号之山至于太山，凡八山，一千七百二十里。

右东经之山志，凡四十六山，万八千八百六十里。

注释

①桢木：即女桢，一种灌木，叶子对生，革质，卵状披针形，在冬季不凋落，四季常青。初夏开花，是白色，果实椭圆形。

译文

再往东北二百里，是座剡山，有丰富的金属矿物和玉石。山中有一种野兽，形状像猪却是人的面孔，黄色的身子上长着红色尾巴，名称是合窳，发出的声音如同婴儿啼哭。这种合窳兽，是吃人的，也吃虫和蛇，一出现而天下就会发生水灾。

再往东二百里，是座太山，山上有丰富的金属矿物和玉石、茂密的女桢树。山中有一种野兽，形状像一般的牛却是白脑袋，长着一只眼睛和蛇一样的尾巴，名称是蜚，它要是行经有水的地方水就干涸，行经有草的地方草就枯死，一出现而天下就会发生大瘟疫。钩水从这座山发源，然后向北流入劳水，水中有很多鱃鱼。

总计东方第四列山系之首尾，自北号山起到太山止，一共八座山，途经一千七百二十里。

以上是东方经之山的记录，总共四十六座山，一万八千八百六十里。

「专家解疑」

干涸(hé)：（河道、池塘等）没有水。

瘟疫：指流行性急性传染病。

「知识百科」

《太平广记》：由宋太宗下命编纂的，编者共十三人，是古代汉族文言小说的第一部总集，对后世汉族文学发展产生了较大的影响。

阅读链接

据文中所述，合窳“状如彘而人面”，“见则天下大水”。彘就是猪，我国很多神话传说中水神的形象都是猪形，《太平广记》：“朔人有献大豕于燕相，令膳夫烹之。豕即死，见梦于燕相曰：‘造化劳我以豕形，食我以人秽。伏君之灵得化，今始得为鲁之津伯也。’”这说明，合窳可能是具有招致雨水神力的水神。

相关故事

西汉史游的《急就章》云：“师猛虎，石敢当，所不侵，龙未央。”这个“石敢当”，在我国以前的房屋、巷首等处非常常见，关于这一民俗有一个传说。

太封元年，汉武帝去泰山封禅，要经过奉高县。该县紧邻汶河，东海的水兽常在此作怪。石敢当是石闾山下的一位勇士，汉武帝渡河时，命他前来护驾。船行至河中心的时候，平静的水面突然波浪汹涌，汉武帝大吃一惊。只见石敢当冲到船头，大声喝道：“泰山石敢当在此，谁敢作祟！”河面果然恢复了平静。在石敢当的护送下，汉武帝安全地到达了奉高县。

汉武帝认为石敢当并非凡人，他的家乡石闾山肯定也是有灵气的地方，于是在泰山封禅，并立石闾山。自此，民间盖房如果位于十字路口、山墙临路等就会在石砖上刻上“泰山石敢当”五个字，以辟邪驱凶。当然，这只是一种民间迷信，现在已不多见。

「知识百科」
《急就章》：西汉元帝时史游以草书作，全文共一千三百九十四字，是儿童启蒙读物。这种书体在书法史上意义非凡，史传章草就出于此。

「专家解疑」
作祟（suì）：迷信的人指鬼神跟人为难，比喻坏人或坏的思想意识捣乱，妨碍事情顺利进行。

阅读思考

1. 鳙鳙鱼可以用来做什么？
2. 为什么称岳父为“泰山”？
3. 榑木通常叫作什么？有什么神奇之处？

中山经

中山经是全书字数最多的一章，总共记录了一百九十七座山，总长二万一千三百七十一里。中山经主要是对晋南、陕中、豫西等地区的地理环境进行描写，此外，文中对各系列山中所居山神的形态也描写得非常详细。那么，山神武罗长什么样子？他主管哪座山？让我们一起去寻找他吧。

原文

中山经薄山之首，曰甘枣之山。共（gōng）水出焉，而西流注于河。其上多杻木。其下有草焉，葵本①而杏叶，黄华而荚②实，名曰箨（tuò），可以已瞢③。有兽焉，其状如䖊鼠④而文题，其名曰𪕮（nuó），食之已瘿。

又东二十里，曰历儿之山，其上多橿，多枥（lì）木，是木也，方茎而员叶，黄华而毛，其实如**楝**，服之不忘。

又东十五里，曰渠猪之山，其上多竹。渠猪之水出焉，而南流注于河。其中是多豪鱼，状如鲔（wěi），赤喙尾，赤羽，可以已白癣⑤。

「上古百科」

楝（liàn）：楝树，也叫苦楝，落叶乔木，春夏之交开花，淡紫色，果实球形或长圆形，熟时黄色。

注释

①本：草木的根或茎干。这里指茎干。②荚（jiá）：凡草木果实狭长而

没有隔膜的，都叫作荚。③瞢（méng）：眼目不明。④鼣（huǐ）鼠：不详何兽。⑤癣（xuǎn）：皮肤感染真菌后引起的一种疾病，有好多种。

译文

中央第一列山系薄山山系之首座山，叫作甘枣山。共水从这座山发源，然后向西流入黄河。山上有茂密的杻树。山下有一种草，葵菜一样的茎干、杏树一样的叶子，开黄色的花朵而结带荚的果实，名称是箨，人吃了它可以治愈眼睛昏花。山中还有一种野兽，形状像鼣鼠而额头上有花纹，名称是𧸒，吃了它的肉就能治好人脖子上的赘瘤。

再往东二十里，是座历儿山，山上有茂密的橿树，还有茂密的栃树，这种树木，茎干是方形的而叶子是圆形的，开黄色花而花瓣上有绒毛，果实像楝树结的果实，人服用它可以增强记忆而不忘事。

再往东十五里，是座渠猪山，山上有茂盛的竹子。渠猪水从这座山发源，然后向南流入黄河。水中有很多豪鱼，形状像一般的鲔鱼，但长着红嘴巴和带羽毛的红尾巴，人吃了它的肉就能治愈白癣病。

阅读链接

我国是一个物产丰富的大国，山川众多，孕育了不同种类的动植物。我们的祖先经过不断实践，得出这些动植物对身体或生活的益处，并且代代相传。如文中的楝树，其木材坚实，易加工，供制作家具、乐器、建筑、农具等用。又据古人说捣碎楝树的籽实可以洗衣，而服食它可以益肾。

「上古百科」

龙骨：据古人讲，在山岩河岸的土穴中常有死龙的脱骨，而生长在这种地方的植物就叫龙骨。

原文

又东二十里，曰金星之山，多天婴[①]，其状如龙骨，可以已痤[②]。

又东七十里，曰泰威之山。其中有谷曰枭谷，其中多铁。

又东十五里，曰橿谷之山，其中多赤铜。

又东百二十里，曰吴林之山，其中多葌草[3]。

又北三十里，曰牛首之山。有草焉，名曰鬼草，其叶如葵而赤茎，其秀[4]如禾，服之不忧。劳水出焉，而西流注于潏（jué）水。是多飞鱼，其状如鲋（fù）鱼，食之已痔衕（dòng）。

又北四十里，曰霍山，其木多榖。有兽焉，其状如**狸**，而白尾有鬣，名曰朏（fěi）朏，养之可以已忧。

又北五十二里，曰合谷之山，是多薝棘[5]。

又北三十五里，曰阴山，多砺石、文石。少水出焉，其中多雕棠，其叶如榆叶而方，其实如赤菽[6]，食之已聋。

又东北四百里，曰鼓镫（dēng）之山，多赤铜。有草焉，名曰荣草，其叶如柳，其本如鸡卵，食之已风。

凡薄山之首，自甘枣之山至于鼓镫之山，凡十五山，六千六百七十里。历儿，冢也。其祠礼：毛，太牢之具；县[7]婴以吉玉。其余十三山者，毛用一羊，县婴用桑封，瘗而不糈。

「上古百科」

狸：俗称野猫，似狐狸而小一些，身肥胖而短一点。

注释

①天婴：不详何种植物。②痤（cuó）：即痤疮，一种皮肤病。③葌（jiān）草：葌，同“蕑”，而蕑即兰，则葌草就是兰草。④秀：指禾类植物开花。又引申而泛指草木开花。⑤薝（zhān）棘：不详何种植物。⑥菽（shū）：本义是指大豆，引申为豆类的总称。⑦县（xuán）：祭山仪式名。

译文

再往东二十里，是座金星山，山中有很多天婴，形状与龙骨相似，可以用来医治痤疮。

再往东七十里，是座泰威山。山中有一道峡谷叫作枭谷，那里盛产铁。

再往东十五里，是座橿谷山，山中有丰富的黄铜。

再往东一百二十里，是座吴林山，山中生长着茂盛的兰草。

再往北三十里，是座牛首山。山中生长着一种草，名称是鬼草，叶子像葵菜叶却是红色茎干，开的花像禾苗吐穗时的花絮，

「专家解疑」

峡谷：河流经过的深而狭窄的山谷，两旁有峭壁。

服食它就能使人无忧无虑。劳水从这座山发源，然后向西流入潏水，水中有很多飞鱼，形状像一般的鲫鱼，人吃了它的肉就能治愈痔疮和痢疾。

再往北四十里，是座霍山，这里到处是茂密的构树。山中有一种野兽，形状像一般的野猫，却长着白尾巴，脖子上有鬃毛，名称是朏朏，人饲养它就可以消除忧愁。

「专家解疑」
鬃（zōng）：马、猪等颈上的长毛。

再往北五十二里，是座合谷山，这里到处是蘑棘。

再往北三十五里，是座阴山，多的是粗磨石、色彩斑斓的漂亮石头。少水从这座山发源。山中有茂密的雕棠树，叶子像榆树叶却呈四方形，结的果实像红豆，服食它就能治愈人的耳聋病。

再往东北四百里，是座鼓镫山，有丰富的黄铜。山中有一种草，名称是荣草，叶子与柳树叶相似，根茎与鸡蛋相似，人吃了它就能治愈风痹病。

总计薄山山系之首尾，自甘枣山起到鼓镫山止，一共十五座山，途经六千六百七十里。历儿山，是诸山的宗主。祭祀宗主山山神：在毛物中，用猪、牛、羊齐全的三牲为祭品，县祭用吉玉献祭。祭祀其余十三座山的山神，在毛物中用一只羊为祭品，用县祭及桑木牌位献祭，祭礼完毕把它埋入地下而不用米祀神。

「知识百科」
《本草经百种录》：药学著作，自《神农本草经》中选辑主要药物一百种，结合临床加以简要的注释。

阅读链接

本段文字中的龙骨是传说中的一种植物，实际上，有一种叫作“龙骨”的中药，但并非植物。而是古代某些哺乳动物（象、犀牛等）骨骼的化石。“龙骨最黏涩，能收敛正气，凡心神耗散，肠胃滑脱之疾，皆能已之；且敛正气而不敛邪气，所以仲景于伤寒之邪气未尽者亦用之。”（《本草经百种录》）

「上古百科」
鹖（hé）：鹖鸟。据古人说，鹖鸟像野鸡而大一些，羽毛青色，长有毛角，天性勇猛好斗，绝不退却，直到斗死为止。

原文

中次二经济山之首，曰辉诸之山，其上多桑，其兽多闾[1]麋，其鸟多鹖。

又西南二百里，曰发视之山，其上多金玉，其下多砥砺。即鱼之水出焉，而西流注于伊水。

又西三百里，曰豪山，其上多金玉而无草木。

注释

①闾（lǘ）：古代兽名，一种形状像驴长着羚羊角的动物。

译文

中央第二列山系济山山系之首座山，叫作辉诸山，山上有茂密的桑树，山中的野兽大多是山驴和麋鹿，而禽鸟大多是鹖鸟。

再往西南二百里，是座发视山，山上有丰富的金属矿物和玉石，山下多出产磨石。即鱼水从这座山发源，然后向西流入伊水。

再往西三百里，是座豪山，山上有丰富的金属矿物和玉石而没有花草树木。

阅读链接

鹖鸟很好斗，争斗起来，绝不会退却，直到斗死为止。古代武士们的帽子上，有两只鹖尾，分插左右两边，显出威武战死沙场的品格。战国时有一个楚人，隐居深山，却用鹖的羽毛做帽子，并以“鹖冠子”为号，所以也名声远扬。

「专家解疑」
武士：①古代守卫宫廷的卫兵。②有勇力的人。

原文

中次三经萯（bèi）山之首，曰敖岸之山，其阳多㻬（yǔ）琈之玉，其阴多赭、黄金。神熏池居之。是常出美玉。北望河林，其状如蒨如举。有兽焉，其状如白鹿而四角，名曰夫诸，见则其邑大水。

又东十里，曰青要之山，实惟帝之密都①。北望河曲，是多驾鸟②。南望墠（shàn）渚，禹父③之所化。是多仆累、蒲卢④。魋⑤武罗司之，其状人面而豹文，小要⑥而白齿，而穿耳以鐻⑦，其鸣如鸣玉。是山也，宜女子。畛（zhěn）水出焉，而北流注于河。其中有鸟焉，名曰䴔（yǎo），其状如凫，青身而朱目赤尾，食之

「上古百科」
蒨（qiàn）：同“茜”，茜草，一种多年生攀援草本植物，根是黄红色，可作染料。

「上古百科」

藁（gǎo）本：也叫抚芎、西芎，一种香草，根茎含挥发油，可作药用。

宜子。有草焉，其状如葌，而方茎、黄华、赤实，其本如藁本，名曰荀草，服之美人色。

注释

①密都：隐秘深邃的都邑。②驾鸟：即驾鹅，俗称野鹅。③禹父：指大禹的父亲鲧（gǔn）。相传禹是夏朝的开国国王。④仆累：即蜗牛。蒲卢：一种具有圆形贝壳的软体动物，属蛤、蚌之类。⑤䰠（shēn）：一说是神鬼，即鬼中的神灵；一说是山神。⑥要：“腰”的本字。⑦鐻（qú）：金银制成的耳环。

译文

中央第三列山系萯山山系之首座山，叫作敖岸山，山南面多出产㻬玉，山北面多出产赭石、黄金。天神熏池住在这里。这座山还常常生出美玉来。从山上向北可以望见奔腾的黄河和葱郁的丛林，它们的形状好像是茜草和榉柳。山中有一种野兽，形状像一般的白鹿却长着四只角，名称是夫诸，在哪个地方出现那里就会发生水灾。

再往东十里，是座青要山，确实是天帝的密都。北面是河曲，这里有许多野鹅。从青要山向南可以望见墠渚，是大禹的父亲鲧变化成为黄熊的地方，这里有很多蜗牛、蒲卢。山神武罗掌管着这里，这位山神的形貌是人的面孔却浑身长着豹子一样的斑纹，细小的腰身洁白的牙齿，而且耳朵上穿挂着金银环，发出的声音像玉石碰击作响。这座青要山，适宜女子居住。畛水从这座山发源，然后向北流入黄河。山中有一种禽鸟，名称是䲹，形状像野鸭子，青色的身子却是浅红色的眼睛深红色的尾巴，吃了它的

肉就能使人多生孩子。山中生长着一种草，形状像兰草，却是四方形的茎干、黄色的花朵、红色的果实，根部像藁的根，名称是荀草，服用它就能使人的肤色洁白漂亮。

阅读链接

《国语·晋语八》：“昔者鲧违帝命，殛之于羽山，化为黄熊，以入于羽渊。”黄熊据说是一种三只脚的熊。鲧禹治水我们之前已经叙述过，但是鲧的结局却太过悲惨，正如屈原在《天问》所言：“鸱龟曳衔，鲧何听焉？顺欲成功，帝何刑焉？”

原文

中次四经厘山之首，曰鹿蹄之山，其上多玉，其下多金。甘水出焉，而北流注于洛，其中多泠石①。

西五十里，曰扶猪之山，其上多礝石②。有兽焉，其状如貉而人目，其名曰麐（yín）。虢水出焉，而北流注于洛，其中多瓀石③。

注释

①泠（gàn）石：一种柔软如泥的石头。②礝（ruǎn）：也写成“碝”“瑌”。礝石是次于玉一等的美石。③瓀石：同“礝石”。

译文

中央第四列山系厘山山系之首座山，叫作鹿蹄山，山上盛产玉，山下盛产金。甘水从这座山发源，然后向北流入洛水，水中有很多泠石。

往西五十里，是座扶猪山，山上到处是礝石。山中有一种野兽，形状像貉却长着人的眼睛，名称是麐。虢水从这座山发源，然后向北流入洛水，水中有很多瓀石。

「知识百科」

《天问》：战国时期屈原《楚辞》中的作品，全诗373句，1560字，多为四言，完全以问句构成，共提出173个问题，起伏跌宕，错落有致，被誉为是“千古万古至奇之作”。

「上古百科」

貉（hé）：也叫狗獾，是一种野兽。外形像狐狸而体态较肥胖，尾巴较短，尾毛蓬松，耳朵短而圆，两颊有长毛，体色棕灰。

阅读链接

礝石是次于玉一等的美石，白色的礝石如冰一样透明，而水中的礝石是红色的。《文选·司马相如〈子虚赋〉》：“瑊玏玄厉，碝石碔砆。”此处的碝石即礝石。

「知识百科」

《子虚赋》：作者是汉代辞赋家司马相如，是其早期游梁时所作，此赋标志着汉大赋的完全成熟。

原文

中次五经薄山之首，曰苟床之山，无草木，多怪石。

东三百里，曰首山，其阴多榖柞，其草多苿（zhú）芫，其阳多㻬琈之玉，木多槐。其阴有谷，曰机谷，多鴃（dì）鸟，其状如枭而三目，有耳，其音如录，食之已垫[①]。

东北五百里，曰条谷之山，其木多槐桐，其草多芍药、蘴冬。

又北十里，曰超山，其阴多苍玉，其阳有井[②]，冬有水而夏竭。

「上古百科」

蘴（mén）冬：俗作门冬，有两种，一是麦门冬，也叫沿阶草，多年生常绿草本植物，须根常膨大成纺锤形，可以做药用；二是天门冬，也叫天冬草，多年生攀缘草本植物，地下有簇生纺锤形肉质块根，可以做药用。

注释

①垫：湿气病。②井：井是人工开挖的，泉是自然形成的，而本书记述的山之所有皆为自然事物，所以，这里的井当是指泉眼下陷而低于地面的水泉，形似水井，故称。

译文

中央第五列山系薄山山系之首座山，叫作苟床山，不生长花草树木，到处是奇形怪状的石头。

往东三百里，是座首山，山北面有茂密的构树、柞树，这里的草以苿草、芫华居多。山南面盛产㻬玉，这里的树木以槐树居多。这座山的北面有一个峡谷，叫作机谷，峡谷里有许多鴃鸟，形状像猫头鹰却长着三只眼睛，还有耳朵，发出的声音如同鹿鸣叫，人吃了它的肉就会治好湿气病。

往东北五百里，是座条谷山，这里的树木大多是槐树和桐树，而草大多是芍药、门冬草。

再往北十里有一座山，叫超山。山北多产青绿色玉石，山南有泉眼下陷的水泉，冬天有水而夏季枯竭。

阅读链接

锡：金属元素，符号 Sn。常见的白锡为银白色，延展性强，在空气中不易起变化。多用来镀铁、焊接金属或制造合金。人们发现并使用锡的历史可追溯至远古时代。据考证，我国周朝时，锡器的使用已十分普遍了。我们所熟知的青铜器即为铜和锡的合金铸成。

「知识百科」

合金：由一种金属元素跟其他金属元素或非金属元素熔合而成的、具有金属特性的物质。一般合金的熔点比组成它的各金属低，而硬度比组成它的各金属高。

「知识百科」

青铜：铜、锡等的合金，青灰色或灰黄色，硬度大，耐磨，抗腐蚀，多用来做铸件和制造零件。

原文

又东十二里，曰阳虚之山，多金，临于玄扈之水。

凡薄山之首，自苟林之山至于阳虚之山，凡十六山，二千九百八十二里。升山，冢也，其祠礼：太牢，婴用吉玉。首山䰠也①，其祠用稌、黑牺、太牢之具、蘖酿②；干儛③，置鼓；婴用一璧。尸水，合天也，肥牲祠之，用一黑犬于上，用一雌鸡于下，刉④一牝羊，献血。婴用吉玉。采之，飨之。

注释

①䰠：神灵。②蘖（niè）酿：蘖，酒曲，酿酒用的发酵剂。蘖酿就是用酒曲酿造的醴（lǐ）酒。这里泛指美酒。③干儛：古代在举行祭祀活动时跳的一种舞蹈。干，即盾牌。儛，同“舞”。④刉（jī）：亦作“刏”。划破，割。

译文

再往东十二里，是座阳虚山，盛产金，阳虚山临近玄扈水。

总计薄山山系之首尾，自苟林山起到阳虚山止，一共十六座山，途经二千九百八十二里。升山，是诸山的宗主，祭祀升山山神的典礼：在毛物中用猪、牛、羊齐全的三牲做祭品，祀神的玉器要用吉玉。首山，是神灵显应的大山，祭祀首山山神用稻米、整只黑色皮毛的猪、牛、羊、美酒；手持盾牌起舞，摆上鼓并敲击应和；祀神的玉器用一块玉璧。尸水，是上通到天的，要用肥壮的牲畜做祭品献祭；用一只黑狗做祭品供在上面，用一只母鸡做祭品供在下面，杀一只母羊，献上血。祀神的玉器要用吉玉，并用彩色帛包装祭品，请神享用。

「专家解疑」
应和：（声音、语言、行动等）相呼应。

阅读链接

从字面解释，干儛就是手拿盾牌起舞，表示庄严隆重。因此，干儛是古代的一种武舞，是周代六“小舞”之一。“乐师掌国学之政，以教国子小舞。凡舞，有帗舞，有羽舞，有皇舞，有旄舞，有干舞，有人舞。”（《周礼·春官·乐师》）

「知识百科」
《周礼·春宫·乐师》：《周礼》中的内容。《周礼》是儒家经典，十三经之一，相传是周公旦所作，内容极为丰富，主要是讲官制和政治制度。

原文

又东三十五里，曰敏山，上有木焉，其状如荆，白华而赤实，名曰蓟（jì）柏，服者不寒。其阳多㻬琈之玉。

又东三十里，曰大騩（guī）之山，其阴多铁、美玉、青垩。有草焉，其状如蓍（shī）而毛，青华而白实，其名曰蒗（láng），服之不夭，可以为腹病。

凡苦山之首，自休与之山至于大騩之山，凡十有九山，千一百八十四里。其十六神者，皆豕①身而人面。其祠：毛牷用一羊羞②，婴用一藻玉③瘗（yì）。苦山、少室、太室皆冢也，其祠之：太牢之具，婴以吉玉。其神状皆人面而三首，其余属皆豕身人面也。

注释

①豕（shǐ）：猪。②牷（quán）：毛色纯一的全牲。全牲指整只的牛羊猪。羞：进献食品。这里指贡献祭祀品。③藻玉：带有彩色纹理的玉。

译文

再往东三十五里，是座敏山。山上生长着一种树木，形状与牡荆相似，开白色花朵而结红色果实，名称是葪柏，吃了它的果实就能使人不怕寒冷。敏山南面还盛产㻬玉。

再往东三十里，是座大騩山，山北面有丰富的铁、优质玉石、青色垩土。山中有一种草，形状像蓍草却长着绒毛，开青色花而结白色果实，名称是蒗，人服食了它就能不夭折而延年益寿，还可以医治肠胃上的各种疾病。

「专家解疑」
夭（yāo）折：①未成年而死；早亡。②比喻事情中途失败。

总计苦山山系之首尾，自休与山起到大騩山止，一共十九座山，途经一千一百八十四里。其中有十六座山的山神，形貌都是猪的身子而人的面孔。祭祀这些山神：在毛物中用一只纯色的羊献祭，祀神的玉器用一块藻玉而在祭祀后埋入地下。苦山、少室山、太室山都是诸山的宗主。祭祀这三座山的山神：在毛物中用猪、牛、羊齐全的三牲做祭品，在祀神的玉器中用吉玉。这三个山神的形貌都是人的面孔却长着三个脑袋。另外那十六座山的山神都是猪的身子而人的面孔。

阅读链接

《山海经》中记载的山川很多已经无证可靠，只剩传说了。但是上文所述“敏山”，今称七敏山，在河南新密市东南部。《山海经》对这些山川的描述具有非常重要的地理研究价值。

原文

中次八经荆山之首，曰景山，其上多金玉，其木多杼[①]、檀。睢（jū）水出焉，东南流注于江，其中多丹粟，多文鱼。

东北百里，曰荆山，其阴多铁，其阳多赤金，其中多犛牛，多豹虎，其木多松柏，其草多竹，多橘、櫾[②]。漳水出焉，而东南流注于睢，其中多黄金，多鲛鱼，其兽多闾麋。

「上古百科」
犛（máo）牛：一种毛皮纯黑的牛，属于牦牛之类。

「上古百科」
鲛（jiāo）鱼：就是现在所说的鲨鱼，体型很大，性凶猛，能吃人。

注释

①杼（shù）：杼树，就是柞树。②櫾（yòu）：同“柚”。柚子与橘子相似而大一些，皮厚而且味道酸。

译文

中央第八列山系荆山山系之首座山，叫作景山，山上有丰富的金属矿物和玉石，这里的树木以柞树和檀树最多。雎水从这座山发源，向东南流入长江，水中有很多粟粒大小的丹砂，还生长着许多有彩色斑纹的鱼。

往东北一百里，是座荆山，山北面有丰富的铁，山南面有丰富的黄金，山中生长着许多犛牛，还有众多的豹子和老虎，这里的树木以松树和柏树最多，这里的花草以丛生的小竹子最多，还有许多的橘子树和柚子树。漳水从这座山发源，然后向东南流入雎水，水中盛产黄金，并生长着很多鲨鱼。山中的野兽以山驴和麋鹿最多。

「上古百科」

鼍（tuó）：古人说是长得像蜥蜴，身上有花纹鳞，大的长达二丈，皮可以制作鼓。也就是现在所说的扬子鳄，俗称猪婆龙。

原文

中次九经岷山之首，曰女几之山，其上多石涅[1]，其木多杻、橿，其草多菊、茶（zhú）。洛水出焉，东注于江。其中多雄黄，其兽多虎豹。

又东北三百里，曰岷山。江水出焉，东北流注于海，其中多良龟，多**鼍**。其上多金玉，其下多白珉。其木多梅、棠，其兽多犀、象，多**夔牛**，其鸟多翰、鷩。

注释

①石涅：当即涅石，一种矿物，可做黑色染料。

「上古百科」

夔（kuí）牛：古人说是一种重达几千斤的大牛。

译文

中央第九列山系岷山山系之首座山，叫作女几山，山上多出产石涅，这里的树木以杻树、橿树居多，而花草以野菊、苍术或白术居多。洛水从这座山发源，向东流入长江。山里到处有雄黄，而野兽以老虎、豹子最多。

再往东北三百里，是座岷山。长江从岷山发源，向东北流入大海，水中生长着许多良种龟，还有许多鼍。山上有丰富的金属矿物和玉石，山下盛产白色珉石。山中的树木以梅树和海棠树最多，而野兽以犀牛和大象最多，还有大量的夔牛，这里的禽鸟大多是白翰鸟和赤鷩鸟。

「知识百科」
苍术（zhú）：多年生草本植物，叶子厚，没有柄，花白色或淡红色。根状茎可入药。

「知识百科」
白术（zhú）：多年生草本植物，叶柄长，花紫红色。根状茎肥大，可入药。

阅读链接

古人单称“江”或“江水”而不贯以名者，则大多是专指长江，这里即指长江。但本书记述山丘河流的方位走向都不甚确实，所述长江也不例外，与今天用科学方法测量出的长江不甚相符。现在译“江”或“江水”为“长江”，只是为了使译文醒目而有别于其他江水。以下同此。

原文

又东一百七十里，曰贾超之山，其阳多黄垩，其阴多美赭，其木多柤、栗、橘、櫾，其中多**龙修**。

凡岷山之首，自女几山至于贾超之山，凡十六山，三千五百里。其神状皆马身而龙首。其祠：毛用一雄鸡瘗，糈用稌。文山①、勾祢、风雨、骢之山，是皆冢也。其祠之：羞酒，少牢具，婴毛一吉玉。熊山，帝②也。其祠：羞酒，太牢具，婴毛一璧。干儛，用兵以禳③；祈璆④，冕舞。

「上古百科」
龙修：就是龙须草，与莞草相似而细一些，生长在山石缝隙中，草茎倒垂，可以用来编织席子。

注释

①文山：指岷山。②帝：主体。这里是首领的意思。③禳（ráng）：祭祷消灾。④璆（qiú）：同“球”。美玉。冕：即冕服，是古代帝王、诸侯及卿大夫的礼服。这里泛指礼服。

译文

再往东一百七十里，是座贾超山，山南面多出产黄色垩土，山北面多出产精美赭石，这里的树木大多是柤树、栗子树、橘子树、柚子树，山中的草以龙须草最多。

总计岷山山系之首尾，自女几山起到贾超山止，一共十六座山，途经三千五百里，诸山山神的形貌都是马的身子而龙的脑袋。祭祀山神：在毛物中用一只公鸡做祭品埋入地下，祀神的米用稻米。文山、勾祢山、风雨山、䰠山，是诸山的宗主。祭祀这几座山的山神：进献美酒，用猪、羊做祭品，祀神用毛物和一块吉玉。熊山，是诸山的首领。祭祀这个山神：进献美酒，用猪、牛、羊齐全的三牲做祭品，祀神用毛物和一块玉璧。手拿盾牌舞蹈，为了禳除战争灾祸；祈求福祥用璆，并戴礼帽舞蹈。

阅读链接

据传龙须草是黄帝乘龙升天时，所骑神龙的龙须变成的：黄帝乘龙升天，他的许多侍臣也想升天，上前揪住神龙的胡须，神龙挣脱众人，升天而去。人们把刚才揪断的龙须撒向天空，第二天早上，龙须所落山峰上长出一簇簇细长碧绿的空心圆杆草。因为是龙须所变，人们便称之为“龙须草”。

原文

「上古百科」

首阳之山：即首阳山，位于山西省永济市南。

中次十经之首，曰首阳之山，其上多金玉，无草木。

又西五十里，曰虎尾之山，其木多椒、椐（jū），多封石，其阳多赤金，其阴多铁。

又西南五十里，曰繁缋（huì）之山，其木多楢、杻，其草多枝、勾①。

又西南二十里，曰勇石之山，无草木，多白金，多水。

注释

①枝、勾：就是上文所说的桃枝竹、钩端竹，矮小而丛生。

译文

中央第十列山系之首座山，叫作首阳山，山上有丰富的金属矿物和玉石，没有花草树木。再往西五十里，是座虎尾山，这里树木以花椒树、椐树最多，到处有封石，山南面有丰富的黄金，山北面有丰富的铁。

再往西南五十里，是座繁缋山，这里的树木大多是楢树和杻树，而草大多是桃枝、钩端之类的小竹丛。

再往西南二十里，是座勇石山，不生长花草树木，有丰富的白银，到处流水。

阅读链接

首阳山位于山西省永济市南，是一座历史名山，古诗文中多有记载。《诗·唐风·采苓》："采苓采苓，首阳之巅。"《论语·季氏》："伯夷、叔齐饿于首阳之下，民到于今称之。"

「知识百科」

《论语·季氏》：《论语》中内容。《论语》是春秋时期一部语录体散文集，内容主要是记录孔子及其弟子的言行。

原文

又西五十里，曰涿（zhuō）山，其木多榖、柞、杻，其阳多㻬琈之玉。

又西七十里，曰丙山，其木多梓、檀，多弞杻。

凡首阳山之首，自首山至于丙山，凡九山，二百六十七里。其神状皆龙身而人面。其祠之：毛用一雄鸡瘗，糈用五种之糈[1]。堵山[2]，冢也，其祠之：少牢具，羞酒祠，婴毛一璧瘗。騩山，帝也，其祠：羞酒，太牢具，合巫祝[3]二人儛，婴一璧。

「上古百科」

弞（shěn）杻：杻树的树干都是弯曲的，而弞杻的树干长得比较直，不同于一般的杻树。

注释

①五种之糈：指黍、稷、稻、粱、麦五种粮米。②堵山：指楮山。③巫：古代称能以舞降神的人，即女巫。祝：古代在祠庙中主管祭礼的人，即男巫。

译文

再往西五十里，是座涿山，这里的树木大多是构树、柞树、杻树，山南面多出产㻬玉。

再往西七十里，是座丙山，这里的树木大多是梓树、檀树，还有很多欢杻树。

总计首阳山山系之首尾，自首阳山起到丙山止，一共九座山，途经二百六十七里。诸山山神的形貌都是龙的身子而人的面孔。祭祀山神：在毛物中用一只公鸡献祭后埋入地下，祀神的米用五种粮米。堵山，是诸山的宗主，祭祀这个山神：用猪、羊二牲做祭品，进献美酒来祭祀，祭品用毛物和一块玉璧，祀神后埋入地下。騩山，是诸山的首领，祭祀騩山山神要进献美酒，用猪、牛、羊齐全的三牲做祭品，让女巫师和男巫师二人一起跳舞，在玉器祭品中用一块玉璧来祭祀。

阅读链接

对于“巫”，《汉语大字典》的解释是：“古代从事祈祷、卜筮、星占（zhān），并兼用药物为人求福、却灾、治病的人。”巫文化则是上古时期由巫咸为首的“灵山十巫”（《大荒西经》）所创造的地域特色文化，其主要形式是占星术和占卜术，其主要内容是盐文化和药文化。

原文

中次一十一山经荆山之首，曰翼望之山。湍（zhuān）水出焉，东流注于济；贶（kuàng）水出焉，东南流注于汉，其中多蛟。其

「上古百科」

蛟：据古人说是像蛇的样子，却有四只脚，小小的头，细细的脖子，脖颈上有白色肉瘤，大的有十几围粗，卵有瓮大小，能吞食人。

上多松、柏，其下多漆、梓，其阳多赤金，其阴多珉（mín）。

又东南三百里，曰丰山。有兽焉，其状如蝯，赤目、赤喙、黄身，名曰雍和，见则国有大恐。神**耕父**处之，常游清泠（líng）之渊，出入有光，见则其国为败。有九钟焉，是和霜鸣。其上多金，其下多榖、柞、杻、橿。

又东北八百里，曰兔床之山，其阳多铁，其木多藷萸[1]，其草多鸡谷，其本如鸡卵，其味酸甘，食者利于人。

右中经之山志，大凡百九十七山，二万一千三百七十一里。

「上古百科」
耕父：古代传说中的神名。或以为旱鬼。刘昭注引《南都赋》注："耕父，旱鬼。"

注释

①藷萸（yù）：即薯蓣。山药。此处"藷萸"应是"槠杼"之误。槠，即青㭎；杼，栎树。

译文

中央第十一列山系荆山山系之首座山，叫作翼望山。湍水从这座山发源，向东流入济水；贶水也从这座山发源，向东南流入汉水，水中有很多蛟。山上到处是松树和柏树，山下有茂密的漆树和梓树，山南面多出产黄金，山北面多出产珉石。

再往东南三百里，是座丰山。山中有一种野兽，形状像猿猴，却长着红眼睛、红嘴巴、黄色的身子，名称是雍和，在哪个国家出现那个国家里就会发生大恐怖。神仙耕父住在这座山里，常常在清泠渊畅游，出入时都有闪光，在哪个国家出现那个国家就要衰败。这座山还有九口钟，它们都应和霜的降落而鸣响。山上有丰富的金，山下有茂密的构树、柞树、杻树、橿树。

「专家解疑」
霜：在气温降到0℃以下时，接近地面空气中所含的水汽在地面物体上凝结成的白色冰晶。

再往东北八百里，是座兔床山，山南面有丰富的铁，山里的树木以槠树、杼树最多，而花草以鸡谷草最多，它的根茎像鸡蛋似的，味道是酸中带甜，服食它是对人的身体有益的。

以上是《中山经》的记录，总共一百九十七座山，二万一千三百七十一里。

阅读链接

“大凡天下名山五千三百七十，居地大凡六万四千五十六里。禹曰：天下名山，经五千三百七十山，六万四千五十六里，居地也。言其‘五臧（zàng）’，盖其余小山甚众，不足记云。天地之东西二万八千里，南北二万六千里，出水之山者八千里，受水者八千里，出铜之山四百六十七，出铁之山三千六百九十。此天地之所分壤树谷也，戈矛之所发也，刀铩（shā）之所起也，能者有余，拙者不足。封于太山，禅（shàn）于梁父（fǔ），七十二家，得失之数，皆在此内，是谓国用。

右《五臧山经》五篇，大凡一万五千五百三字。”

据学者研究，这一段话非本书原有，是先秦人的相传之语及注释的话，后被校勘本书的人采录而附于此。

「专家解疑」

校勘（kān）：用同一部书的不同版本和有关资料加以比较，考订文字的异同，目的在于确定原文的真相。

相关故事

关于中央第十列山系之首座山首阳山，有一个著名的传说。

周武王要讨伐殷纣王，殷商的伯夷和叔齐两个人，劝他不要讨伐，不要做这种不仁不义的事情。武王便要杀这两个人，姜太公劝武王不要杀他们。后来，武王伐纣取得胜利，而伯夷和叔齐为了表示对殷商的忠诚，不吃周朝的粮食，便隐居在这座首阳山中，采集野菜吃。一天在田野中遇到一个妇女，对他们俩说：“你们讲仁义，不吃周朝的粮食，可你们吃的这些野菜，也是周朝的啊！”于是，他们也就不吃野菜了，并因此饿死于山中。至第七日，快要饿死的时候，他们唱了一首歌，即著名的《采薇歌》：“登彼西山兮，采其薇矣。以暴易暴兮，不知其非矣。神农虞夏忽焉没兮，我安适归矣？于（xū）嗟徂兮，命之衰矣！”他俩是愚忠、守旧的典型。

「知识百科」

殷商：即商朝（约前17世纪—前11世纪），是中国历史上的第二个朝代，也是中国第一个有直接的同时期的文字记载的王朝。

「知识百科」

周朝：存在时间：公元前1046—前256年，是中国历史上继商朝之后的朝代，也是最后一个世袭奴隶制王朝。

阅读思考

1. 文中的“龙骨”是指龙的骨骼吗？

2. 龙须草有什么传说？

3. 鹖鸟有什么特点？

海外南经

我国远古先民认为大地上的一切都是神灵造化所生成，包括人类。在这一章里，主要介绍海外从西南角到东南角的国家地区、山丘河川。在不同区域有哪些形形色色的国家呢？这些国家的子民有哪些特点？是不是很想认识他们呢？那就赶紧往下看吧。

原文

地之所载，六合[1]之间，四海之内，照之以日月，经之以星辰，纪之以四时[2]，要之以太岁[3]，神灵所生，其物异形，或夭或寿，唯圣人能通其道。

注释

①六合：古人以东、西、南、北、上、下六方为六合。②四时：古人以春、夏、秋、冬四季为四时。③太岁：古代天文学中假设的星名，与岁星（木星）相应。古代用它围绕太阳公转的周期纪年，十二年（实为11.86年）是一周。也叫太阴。

译文

大地所负载的，包括上下四方之间的万物，在四海以内，有太阳和月亮照明，有大小星辰经历，又有春夏秋冬记季节，还有太岁正天时。大地上的一切都是神灵造化所生成，故万物各有不同的形状，有的夭折而有的长寿，只有圣明之人才能懂得其中的道理。

「专家解疑」
造化：①自然界的创造者，也指自然。②创造，化育。

阅读链接

我们常说不敢在“太岁头上动土”，这里的“太岁”跟文中天文学上的“太岁”是不同的，但却是由它引发出来的神祇信仰，是传说中的神名。迷信认为太岁之神在地，与天上岁星（木星）相应而行，掘土（兴建工程）要躲避太岁的方位，否则就要遭受祸害。现在这个词语常用来比喻触犯有权势或强有力的人。

原文

海外自西南陬①者至东南陬者。

结匈国在其②西南，其为人结匈③。

南山在其④东南。自此山来，虫为蛇，蛇号为鱼。一曰南山在结匈东南。

注释

①陬（zōu）：角。②其：代指邻近结匈国的灭蒙鸟。而灭蒙鸟在结匈国的北边，参看本书《海外西经》。③结匈：可能指现在所说的鸡胸。匈，同“胸”。④其：也是代指灭蒙鸟，否则，后面“一曰南山在结匈东南”一句就重复而多余了。以下同此。

译文

海外从西南角到东南角的国家地区、山丘河川分别如下。

结胸国在灭蒙鸟的西南面，那里的人都长着像鸡一样尖削凸出的胸脯。

南山在灭蒙鸟的东南面。从这座山来的人，把虫叫作蛇，把蛇叫作鱼。也有一种说法认为南山在结胸国的东南面。

阅读链接

本书自《海外南经》以下各篇，大概最早成书时先有图画，后有文字，而文字只是说明图画的。所以，每篇一开始都有表示方位的一句话，像本篇的“海外自西南陬至东南陬者”一句就是。

「专家解疑」

方位：①方向。东、南、西、北为基本方位；东北、东南、西北、西南为中间方位。②方向和位置。

原文

比翼鸟在其东，其为鸟青、赤，两鸟比翼。一曰在南山东。

羽民国在其东南，其为人长头，身生羽。一曰在比翼鸟东南，其为人长颊①。

有神人二八，连臂，为帝司②夜于此野，在羽民东。其为人小颊赤肩。尽十六人。

毕方鸟在其东，青水西，其为鸟人面一脚。一曰在二八神东。

讙（huān）头国在其南，其为人人面有翼，鸟喙，方③捕鱼。一曰在毕方东。或曰讙朱国。

「上古百科」

羽民国：关于羽民国，郭璞注曰：“（羽民国人）能飞，不能远，卵生，画似仙人也。”

注释

①颊（jiá）：面颊，脸的两侧。②司：视察。这里是守候的意思。③方：正在，正当。因为是配合图画的说明文字，所以出现了这种记述具体的一举一动的词语。以下此类词语尚多。

译文

比翼鸟在灭蒙鸟的东面，它作为一种鸟，有青色、红色间杂的羽毛，两只鸟的翅膀配合起来才能飞翔。也有一种说法认为比翼鸟在南山的东面。

羽民国在灭蒙鸟的东南面，那里的人都长着长长的脑袋，全身生满羽毛。另一种说法认为羽民国在比翼鸟的东南面，那里的人都长着一副长长的脸颊。

有叫二八的神人，手臂连在一起，在这旷野中为天帝守夜。这位神人在羽民国的东面，那里的人都是狭小的脸颊和赤红的肩膀，总共有十六个人。

毕方鸟在它的东面，在青水的西面，这种鸟长着人的面孔却只有一只脚。另一种说法认为毕方鸟在二八神人的东面。

讙头国在它的南面，那里的人都是人的面孔却有两只翅膀，还长着鸟嘴，正在用它们的鸟嘴捕鱼。另一种说法认为讙头国在毕方鸟的东面。还有人认为讙头国就是讙朱国。

「专家解疑」

守夜：夜间守卫。

不肖：品行不好（多用于子弟）。

阅读链接

讙头国的祖先是一名叫驩兜的人，因犯有不肖之罪，惭愧不已，自投南海而死。帝尧怜悯他，遂让他的儿子居住在南海，其子孙繁衍，便成了讙头国。

原文

三苗国在赤水东，其为人相随。一曰三毛国。

载（zhì）国在其东，其为人黄，能操弓射蛇。一曰载国在三毛东。

贯匈国在其东，其为人匈有窍。一曰在载国东。

交胫国在其东，其为人交胫[1]。一曰在穿匈东[2]。

「上古百科」

交胫（jìng）国：这个国家的人，生在南定县。足骨没有关节，身上长着很长的毛，卧倒或跌倒时需要有人扶才能重新站起来。

注释

①胫：人的小腿。这里指整个腿脚。②穿匈：即贯匈国。穿、贯二字的音义相同。

译文

三苗国在赤水的东面，那里的人是一个跟着一个地行走。另一种说法认为三苗国就是三毛国。

戴国在它的东面，那里的人都是黄色皮肤，能操持弓箭射死蛇。另一种说法认为戴国在三毛国的东面。

贯胸国在它的东边，那里的人都是胸膛上穿个洞。另一种说法认为贯胸国在戴国的东面。

交胫国在它的东面，那里的人总是互相交叉着双腿双脚。另一种说法认为交胫国在穿胸国的东面。

阅读链接

早先，帝尧以天下禅让给舜，三苗部落的首领反对这一决定，帝尧一怒之下便杀了他。因为这件事，发生了三苗部落老百姓的叛乱。他们成群结队迁徙到南海定居，后来便形成了三苗国。

原文

羿与**凿齿**战于寿华之野，羿射杀之。在昆仑虚东。羿持弓矢，凿齿持盾。一曰持戈。

三首国在其东，其为人一身三首。一曰在凿齿东。

周饶国在其东，其为人短小，冠带①。一曰**焦侥国**在三首东。

注释

①冠带：这里都做动词用，即戴上冠帽、系上衣带。

译文

羿与凿齿在寿华的荒野交战厮杀，羿射死了凿齿。地方就在

「专家解疑」

禅（shàn）让：帝王把地位让给别人。

「上古百科」

凿齿：传说是亦人亦兽的神人，有一个牙齿露在嘴外，有五六尺长，形状像一把凿子。

「上古百科」

焦侥（yáo）国：传说此国与周饶国的人只有三尺高。而“焦侥”“周饶”都是“侏儒”之声转。侏儒是身材短小的人。焦侥国即周饶国，就是现在所说的小人国。

昆仑山的东面。在那次交战中羿手拿弓箭，凿齿手拿盾牌。另一种说法认为凿齿拿着戈。

三首国在它的东面，那里的人都是一个身子三个头。另一种说法认为在凿齿的东边。

焦侥国在它的东面，那里的人都是身材矮小的，戴帽子系腰带而整齐讲究。另一种说法认为焦侥国在三首国的东面。

阅读链接

焦侥国，就是人们常说的小人国。小人国的人，个子七八寸，为人文质彬彬，很讲礼貌，寿命可长达三百岁。他们行走如飞，日行千里，什么野兽也不敢冒犯他们。这种小人只怕一种叫海鹄的鸟，因为海鹄一遇上他们，便不由分说把他们吞入肚里，但这种小人在海鹄肚里并不死。这种小人也乘车马，如果人捉到他把他吃了，人便可成为神仙。

「专家解疑」

文质彬彬：原形容人既文雅又朴实，后来形容人文雅有礼貌。

原文

长臂国在其东，捕鱼水中，两手各操一鱼。一曰在焦侥东，捕鱼海中。

狄山，帝尧葬于阳，帝喾[1]葬于阴。爰有熊、罴、文虎、蜼(wěi)、

豹、离朱②、**视肉**。吁咽、文王③皆葬其所。一曰汤山。一曰爰有熊、罴、文虎、蜼、豹、离朱、鸱久、视肉、虖交④。其范林方三百里⑤。

南方**祝融**，兽身人面，乘两龙。

「上古百科」

视肉：传说中的一种怪兽，形状像牛肝，有两只眼睛，割去它的肉吃了后，不长时间就又重新生长出来，完好如故。

注释

①帝喾（kù）：传说中的上古帝王唐尧的父亲。②离朱：可能是神话传说中的三足乌。这种乌在太阳里，与乌鸦相似，但长着三只足。③吁咽：可能指传说中的上古帝王虞舜。文王：即周文王姬昌，是周朝开国君主。④虖交：不详何物。⑤范林：树林繁衍茂密。

「上古百科」

祝融：本名重黎，上古神话中的帝王，以火施化，号赤帝，后被尊为火神。

译文

长臂国在它的东面，那里的人正在水中捕鱼，左右两只手各抓着一条鱼。另一种说法认为长臂国在焦侥国的东面，那里的人是在大海中捕鱼的。

狄山，唐尧死后葬在这座山的南面，帝喾死后葬在这座山的北面。这里有熊、罴、花纹虎、长尾猿、豹子、三足乌、视肉兽。吁咽和文王也埋葬在这里。另一种说法认为是在汤山。还有一种说法认为这里有熊、罴、花纹虎、长尾猿、豹子、离朱鸟、鹞鹰、视肉兽、虖交。

有一片方圆三百里大小的范林。

南方的祝融神，长着野兽的身子人的面孔，乘着两条龙。

阅读链接

传说，视肉这种怪兽的来历跟本章一开始提到的“太岁”有关。太岁运行到哪儿，相应的方位下会出现一块肉状物，即视肉，也被称为“太岁”，是太岁星的化身。为了避免惊动太岁，因此“不能在太岁头上动土”。

相关故事

这一章中讲了一个神奇的国家——贯胸国，这个国家的人胸膛上都穿个洞，而且是从前胸传到后背，这样奇特的外貌是怎么回事呢？关于这个国家的来历，有一个传说：

禹接替了舜做了部落首领，平定了天下。于是召集诸侯于会稽之野集合，防风氏无故后到，大禹就杀了防风氏。因为大禹很有德政，于是两条龙降伏于他。一日，大禹出游，便派一个姓范的人保护自己，经过南方某地，防风神（防风神由防风氏的灵魂所变）正巧遇见禹，便弯弓射禹。两条龙突然爆出一声霹雳，飞升而去。防风神见状十分惊惧，就用刀自贯其胸而死。禹反而同情怜悯他，用不死药救活了他。从此他的胸上便留下了一个洞，所以其后代便叫贯胸国。

「专家解疑」

诸侯：古代帝王统辖下的列国君主的统称。

霹雳：云和地面之间发生的一种强烈雷电现象。响声很大，能对人畜、植物、建筑物等造成很大的危害。

阅读思考

1. 我们常说“不能在太岁头上动土”，这里的“太岁”是指什么？
2. 讙头国的祖先是谁？
3. 交胫国的人有什么特点？

海外西经

上一章中我们认识了许许多多形形色色的国家及他们的子民，这一章中，我们还会认识海外从西南角到西北角的国家地区、山丘河川。除此之外，还会介绍一些非常精彩的神话故事。想知道刑天神为什么没有头吗？女子国为什么只有女子？赶快从下面寻找答案吧。

原文

海外自西南陬至西北陬者。

灭蒙鸟在结匈国北，为鸟青，赤尾。

大运山高三百仞，在灭蒙鸟北。

大乐（yuè）之野，**夏后启**于此儛[①]《九代》，乘两龙，云盖三层。左手操翳[②]，右手操环，佩玉璜[③]。在大运山北。一曰大遗之野。

「上古百科」

夏后启：传说是夏朝开国君主大禹的儿子，夏朝第二任国君。夏后，即夏王。

注释

①儛（wǔ）：同“舞”。②翳（yì）：用羽毛做的像伞形状的华盖。③璜（huáng）：一种半圆形玉器。

译文

海外从西南角到西北角的国家地区、山丘河川分别如下。

灭蒙鸟在结胸国的北面，那里的鸟是青色羽毛，拖着红色尾巴。

大运山高三百仞，屹立在灭蒙鸟的北面。

大乐野，夏后启在这个地方观看《九代》乐舞，乘驾着两条龙，飞腾在三重云雾之上。他左手握着一把华盖，右手拿着一只玉环，腰间佩挂着一块玉璜。大乐野就在大运山的北面。另一种说法认为夏后启观看乐舞《九代》是在大遗野。

阅读链接

启是中国历史上由“禅让制”变为“世袭制”，“公天下”变成了“家天下”的第一人。史籍记载：“禹子启贤，天下属意焉。及禹崩，虽授益，益之佐禹日浅，天下未洽。故诸侯皆去益而朝启，曰‘吾君帝禹之子也’。于是启遂即天子之位，是为夏后帝启。”

「专家解疑」

世袭：指帝王、爵位等世代相传。

原文

形天与帝至此争神，帝断其首，葬之常羊之山。乃以乳为目，以脐为口，操干戚以舞。

女祭、女戚在其北，居两水间。戚操鱼觛①，祭操俎②。

「上古百科」

形天：是神话传说中一个没有头的神。形通刑，割、杀之意。天是颠顶之意，指人的头。刑天就是砍断头。所以，此神原本无名，在被断首之后才有了刑天神的名称。

注释

①觛：就是小觯。觛是古代的一种酒器。②俎（zǔ）：古代祭祀时盛供品的礼器。

译文

形天与天帝争夺神位，天帝砍断了形天的头，把他的头埋在常羊山。没了头的形天便以乳头做眼睛，以肚脐做嘴巴，一手持盾牌一手操大斧而舞动。

叫作祭的女巫、叫作戚的女巫住在形天与天帝发生争斗之地

的北面，正好处于两条水流的中间，女巫戚手里拿着兕角小酒杯，女巫祭手里捧着俎器。

阅读链接

到了后世，刑天被尊为勇猛将士的象征，被比作战斗之神。陶渊明的《读山海经十三首（其十）》一诗就赞扬了刑天虽然失败，仍战斗不已的精神：

精卫衔微木，将以填沧海。刑天舞干戚，猛志故常在。

同物既无虑，化去不复悔。徒设在昔心，良晨讵可待！

原文

鵹（cì）鸟、鸇（zhān）鸟，其色青黄，所经国亡。在女祭北。鵹鸟人面，居山上。一曰维鸟，青鸟、黄鸟所集。

丈夫国在维鸟北，其为人衣冠带剑。

女丑之尸，生而十日炙[1]杀之。在丈夫北。以右手鄣[2]其面。十日居上，女丑居山之上。

注释

①炙：烧烤。②鄣（zhāng）：同“障”。挡住，遮掩。

译文

鵹鸟和鸇鸟，它们的颜色是青中带黄，经过哪个国家那个国家就会败亡。鵹鸟和鸇鸟栖息在女巫祭的北面。鵹鸟长着人的面孔，立在山上。另一种说法认为这两种鸟统称维鸟，是青色鸟、黄色鸟聚集在一起的混称。

丈夫国在维鸟的北面，那里的人都是穿衣戴帽而佩带宝剑的模样。

有一具女丑的尸体，她生前是被十个太阳烤死的。她横卧在丈夫国的北面。死时用右手遮住她的脸。十个太阳高高挂在天上，女丑的尸体横卧在山顶上。

阅读链接

殷帝太戊派王孟到西王母山去采药。到了西王母山，王孟粮尽水绝，不能再进入山中，便摘树上的野果充饥，剥下树皮当衣服。王孟在深山老林，终身没有妻子，但后来从腋下生出两个儿子。王孟死后，这两个儿子便是丈夫国的最早居民。丈夫国离玉门关还有两万里之遥。

「上古百科」

女丑之尸：郭璞《山海经图赞·女丑尸》曰：“十日并熯，女丑以毙，暴于山阿，挥袖自翳。”

「知识百科」

玉门关：始置于汉武帝开通西域道路、设置河西四郡之时，故址在今甘肃敦煌西北小方盘城。汉时为通往西域各地的门户，因西域输入玉石时取道于此而得名。

原文

巫咸国在女丑北，右手操青蛇，左手操赤蛇。在登葆山，群巫所从上下也。

并封[1]在巫咸东，其状如彘，前后皆有首，黑。

女子国在巫咸北，两女子居，水周之。一曰居一门中。

「上古百科」

巫咸国：是由巫师组成的国家，最为出名的有巫咸、巫即、巫彭、巫姑、巫礼、巫抵、巫罗等十个巫师。其中，巫咸相当于群巫之首，他所住的地方被尧帝封为巫咸国。

注释

①并封：即《大荒西经》之“屏蓬”。

译文

巫咸国在女丑的北面，那里的人是右手握着一条青蛇，左手握着一条红蛇。有座登葆山，是一群巫师来往于天上与人间的地方。

称作并封的怪兽在巫咸国的东面，它的形状像普通的猪，却前后都有头，是黑色的。

女子国在巫咸国的北面，有两个女子住在这里，四周有水环绕着。另一种说法认为她们住在一道门的中间。

阅读链接

女子国四周那个池子叫黄池，女子下池洗浴，出浴后便怀孕了，如果生下男孩，那么到三岁便要死去。所以这个国家只有女子，没有男人。女子国离九嶷山二万四千里。

「知识百科」

九嶷山：又名苍梧山，位于湖南省南部永州市宁远县境内。相传“舜南巡崩于苍梧之野，葬于江南九嶷。”(《史记·五帝本纪》)

原文

长股之国在雄常北，被发。一曰长脚。

西方蓐收[1]，左耳有蛇，乘两龙。

注释

①蓐（rù）收：神话传说中的金神，样子是人面孔、虎爪子、白毛发，手执钺斧。

译文

长股国在雄常国的北面，那里的人都披散着头发。另一种说法认为长股国叫长脚国。

西方的蓐收神，左耳上有一条蛇，乘驾两条龙飞行。

「专家解疑」

高跷：民间舞蹈，表演者踩着有脚踏装置的木棍，边走边表演。俗称踩高跷。也指表演高跷用的木棍。

阅读链接

长脚国的人，两条腿特别长，很擅长在沿海捕鱼。原因可能是他们双腿绑上了两根木，他们也因此做各种游戏，像今天的踩高跷一样。

相关故事

启是大禹和涂山氏的儿子，关于他的出生充满了神话色彩。

相传大禹治理洪水时，经过轩辕山，化成熊。他告诉涂山氏说："吃饭的时候，我敲鼓，你听到鼓声便赶来。"大禹跳过山头时，误跳在鼓上，鼓响了，所以涂山氏来了，但看见大禹已变成熊，便羞惭而去了。到了嵩山下，禹又化成石，才生了启。禹喊道："还我的儿子！"这时，石突然破裂，而启便从石里出来。因启是石破而生，所以叫作启。

启的父亲是天神禹，母亲是涂山氏，是人神交配所生的孩子，所以具有神性。他曾三次到天庭做客，将天宫的《九辩》《九歌》窃至人间；他能乘坐飞龙，以登天宫。但他后来淫乐自纵，以致亡国。

「知识百科」

嵩山：五岳之一的中岳，世界道教主流——全真派圣地，位于河南省西部登封市西北面。相传还是神仙相聚对话的洞天福地。

阅读思考

1. 刑天神为什么没有头？

2. 夏后启在哪里观看《九代》歌舞？

3. 女丑之尸是什么来历？

海外北经

上一章中，我们又认识了很多传说中的国家和一些神话传说，在这一章，我们将继续介绍海外从西北角到东北角的国家地区、山丘河川以及神话传说。钟山山神是谁？他有什么本领？相柳氏是谁？他有怎样的故事？下面的介绍中，会将这些谜题一一解开。

原文

海外自东北陬至西北陬者。

无膂之国在长股东，为人无膂[1]。

钟山之神，名曰**烛阴**，视为昼，瞑为夜，吹为冬，呼为夏，不饮，不食，不息。息为风，身长千里。在无膂之东。其为物，人面，蛇身，赤色，居钟山下。

「上古百科」

烛阴：又称为烛龙、烛九阴，中国古代汉族神话传说中的神兽，人面蛇身，中国上古创世神（天吴、毕方、据比、竖亥、烛阴、女娲）之一。

注释

①无膂（qǐ）：没有小腿肚。

译文

海外从东北角到西北角的国家地区、山丘河川分别如下。

无膂国在长股国的东面，那里的人没小腿肚。

钟山的山神，名叫烛阴，他睁开眼睛便是白昼，闭上眼睛便是黑夜，一吹气便是寒冬，一呼气便是炎夏，不喝水，不吃食物，不呼吸，一呼吸就生成风，身子有一千里长。这位烛阴神在无䏿国的东面。他的形貌是人一样的面孔，蛇一样的身子，全身赤红色，住在钟山脚下。

阅读链接

传说无䏿国的人住在洞穴中，平常吃泥土，不分男女，一死就埋了，但他们的心不腐朽，死后一百二十年就又重新化成人。

「专家解疑」
腐朽：①木料等含有纤维的物质由于长期的风吹、雨打或微生物的侵害而破坏。②思想陈腐、生活堕落或制度败坏。

原文

一目国在其东，一目中其面而居。一曰有手足。

柔利国在一目东，为人一手一足，反膝曲足居上。一云留利之国，人足反折。

共工之臣曰相柳氏，九首，以食于九山。相柳之所抵，厥[①]为泽溪。禹杀相柳，其血腥，不可以树五谷[②]种。禹厥之，三仞三沮[③]，乃以为众帝[④]之台。在昆仑之北，柔利之东。相柳者，九首人面，蛇身而青。不敢北射，畏共工之台。台在其东。台四方，隅[⑤]有一蛇，虎色[⑥]，首冲南方。

「上古百科」
共工：是中国古代神话中的水神，掌控洪水。氏为氏族名，又称共工氏。

注释

①厥（jué）：通“撅”。掘。②五谷：五种谷物。泛指庄稼。③三：表示多数。仞：充满。沮：败坏。这里是陷落的意思。④众帝：指帝尧、帝喾、帝丹朱、帝舜等传说中的上古帝王。⑤隅：角落。⑥虎色：虎文，即老虎皮毛的颜色纹理。

译文

一目国在钟山的东面，那里的人是在脸的中间长着一只眼睛。

另一种说法认为像普通的人有手有脚。

柔利国在一目国的东面，那里的人是一只手一只脚，膝盖反长着，脚弯曲朝上。另一种说法认为柔利国叫作留利国，人的脚是反折着的。

天神共工的臣子叫相柳氏，有九个头，九个头分别在九座山上吃食物。相柳氏所触动之处，便掘成沼泽和溪流。大禹杀死了相柳氏，血流过的地方发出腥臭味，不能种植五谷。大禹挖填这地方，多次填满而多次塌陷下去，于是大禹便把挖掘出来的泥土为众帝修造了帝台。这帝台在昆仑山的北面，柔利国的东面。这个相柳氏，长着九个脑袋和人的面孔，蛇的身子而是青色。射箭的人不敢向北方射，因为敬畏共工威灵所在的共工台。共工台在相柳的东面，台是四方形的，每个角上有一条蛇，身上的斑纹与老虎相似，头向着南方。

「专家解疑」
沼泽：水草茂密的泥泞地带。

阅读链接

关于共工的神话，在《西山经》中介绍不周山时有相关介绍。不谈神话，真实共工是颛顼帝时代一个比较强大部族的首领。洪水泛滥时期，共工率领大家通过筑堤蓄水的办法来治水，为后人治水积累了经验。

原文

夸父与日逐走，入日。渴欲得饮，饮于河渭；河渭不足，北饮大泽。未至，道渴而死。弃其杖，化为邓林。

博父[①]国在聂耳东，其为人大，右手操青蛇，左手操黄蛇。邓林在其东，二树木。一曰博父。

禹所积石之山[②]在其东，河水所入。

「上古百科」
夸父：中国上古时期汉族神话传说人物，身材高，力气大，善于奔跑。帮助蚩尤部落对抗黄帝部落，但是后来被黄帝打败。

注释

①博父：当作“夸父”。②禹所积石之山：是一座山，即禹所积石山。传说大禹曾疏通积石山而导引黄河水流过。此积石山是另一座山，不是这里所说的禹所积石山。

译文

神人夸父要与太阳赛跑而追赶它，已追上了太阳。这时夸父很渴，想要喝水，于是喝黄河和渭河中的水，喝完了两条河水还是不解渴，又要向北去喝大泽中的水，还没走到，就渴死在半路上了。他死时所抛掉的拐杖，变成了邓林。

夸父国在聂耳国的东面，那里的人身体高大，右手握着青色蛇，左手握着黄色蛇。邓林在它的东面，其实由两棵非常大的树木形成了树林。另一种说法认为夸父国叫博父国。

禹所积石山在博父国的东面，是黄河流入的地方。

阅读链接

我们非常熟悉的夸父逐日的故事就是出自《海外北经》。追日的行为虽然不切实际，但是我们也能从中看出夸父的大无畏精神。其实，历史上的夸父应该是在与黄帝的战役中战死的，至于逐日这一说法，是黄帝后人对于夸父的丑化。后来用“夸父逐日”比喻决心大或不自量力。

「专家解疑」

大无畏：什么都不怕（指对于困难、艰险等）。

「上古百科」

遗玉：据古人说是一种玉石，先由松枝在千年之后化为伏苓，再过千年之后化为琥珀，又过千年之后化为遗玉。

原文

务隅之山，帝颛顼[1]葬于阳，九嫔[2]葬于阴。一曰爰有熊、罴、文虎、离朱、鴟久、视肉。

平丘在三桑东，爰有遗玉、青鸟、视肉、杨柳、甘柤、甘华[3]，百[4]果所生。在两山夹上谷，二大丘居中，名曰平丘。

注释

①颛（zhuān）顼（xū）：传说中的上古帝王。②九嫔：指颛顼的九个妃嫔。③甘柤（zhā）：传说中的一种树木，枝干都是红色的，花是黄色的，叶子是白色的，果实是黑色的。甘华：传说中的一种树木，枝干都是红色的，花是黄色的。④百：这里表示很多的意思，并非实指。

译文

务隅山，帝颛顼埋葬在它的南面，九嫔埋葬在它的北面。另一种说法认为这里有熊、罴、花纹虎、离朱鸟、鹞鹰、视肉怪兽。

平丘在三棵桑树的东面。这里有遗玉、青鸟、视肉怪兽、杨柳树、甘柤树、甘华树，是各种果树生长的地方。在两座山相夹的一道山谷上，有两个大丘处于其间，叫作平丘。

阅读链接

颛顼（约前2514—约前2437）是“五帝”之一，在天神传说中是主管北方的天帝。《史记·五帝本纪》载：“帝颛顼高阳者，黄帝之孙而昌意之子也。静渊以有谋，疏通而知事；养材以任地，载时以象天，依鬼神以制义，治气以教化，洁诚以祭祀。北至于幽陵，南至于交阯，西至于流沙，东至于蟠木。动静之物，大小之神，日月所照，莫不砥属。”

「知识百科」

《史记·五帝本纪》：《史记》中的内容。《史记》是中国历史上第一部纪传体通史，其作者是西汉时期的司马迁。

原文

北海内有兽，其状如马，名曰騊（táo）駼（tú）。有兽焉，其名曰駮（bó），状如白马，锯牙，食虎豹。有素兽焉，状如马，名曰蛩（qióng）蛩。有青兽焉，状如虎，名曰罗罗。

北方禺强，人面鸟身，珥（ěr）①两青蛇，践两青蛇。

「上古百科」

禺强：也叫玄冥，神话传说中的水神。

注释

①珥：插。这里指穿挂着。

译文

北海内有一种野兽，形状像一般的马，名称是騊駼。又有一种野兽，名称是駮，形状像白色的马，长着锯齿般的牙，能吃老虎和豹子。又有一种白色的野兽，形状像马，名称是蛩蛩。还有一种青色的野兽，形状像老虎，名称是罗罗。

「专家解疑」
锯齿：锯条上的尖齿。

北方的禺强神，长着人的面孔而鸟的身子，耳朵上穿挂着两条青蛇，脚底下践踏着两条青蛇。

阅读链接

相传春秋战国时代，齐桓公骑着马行走，老虎望见了吓得赶忙伏倒在地上。齐桓公便问管仲："我只是骑了一匹马，老虎见了就不敢走了，这是什么原因？"管仲回答说："你是不是骑着骏马迎着太阳而奔驰？"桓公说："是呀。"管仲说："这正是驳跑起来的样子啊！驳专吃虎豹，所以老虎一见就害怕了。"

「知识百科」
齐桓公：姜姓，吕氏，名小白。春秋时代齐国第十五位国君，公元前685－前643年在位，为春秋五霸之首。

相关故事

远古时代，在我国北方有一座巍峨雄伟的山，山上住着一个巨人氏族叫夸父族。夸父族的首领叫作夸父。他身高无比，力大无穷，意志坚强，气概非凡。

有一年，天大旱。火一样的太阳烤焦了地上的庄稼，晒干了河里的流水。人们热得难受，实在无法生活。夸父见到这种情景，就发誓要把太阳捉住。

一天，太阳刚刚从海上升起，夸父就从东海边上迈开大步开始了他逐日的征程。夸父不停地追呀追，饿了，摘个野果充饥；渴了，捧口河水解渴；累了，也仅仅打个盹。他追了九天九夜，离太阳越来越近，可是太阳光也越来越强烈。于是，夸父走到黄河边，黄河水被他喝干了；他又去喝渭河里的水，可还是不解渴。于是，他打算向北走，去喝一个大泽的水。可是，夸父实在太累太渴了，当他走到中途时，身体就再也支持不住了，慢慢地倒下去，死了。

夸父死后，他的身体变成了一座大山。这就是"夸父山"。夸父死时扔下的手杖，也变成了一片五彩云霞一样的桃林。桃林的地势险要，后人把这里叫作"桃林寨"。

「知识百科」
管仲：姬姓，管氏，名夷吾，字仲，谥敬，被称为管子、管夷吾、管敬仲，是中国古代著名的哲学家、政治家、军事家，春秋时期法家代表人物。

「专家解疑」
巍峨：形容山或建筑物高大雄伟。

阅读思考

1. 钟山山神是谁？他有什么本领？
2. 夸父逐日表现了一种什么精神？
3. 通过共工之臣相柳氏的传说，我们可以了解到什么？

海外东经

这一章我们继续了解海外从东南角到东北角的国家地区、山丘河川。在海外南经中，我们认识了传说中的“小人国”，这一章，我们首先要认识的就是“大人国”了。那么，大人国除了身材高大外，还有什么特点呢？除了大人国，还有哪些奇特的国家和神奇的传说呢？下面，我们就先从大人国开始一一拜访吧。

原文

海外自东南陬至东北陬者。

嗟（jiē）丘，爰有遗玉、青马、视肉、杨柳、甘柤、甘华，甘果所生。在东海，两山夹丘，上有树木。一曰嗟丘，一曰百果所在，在尧葬东。

大人国在其北，为人大，坐而削船[①]。一曰在嗟丘北。

注释

①削（shāo）船：削通“梢”。梢是长竿子，这里作动词用。削船就是用长竿子撑船。

译文

海外从东南角到东北角的国家地区、山丘河川分别如下。

䑏丘，这里有遗玉、青马、视肉怪兽、杨柳树、甘柤树、甘华树，结出甜美果子的树就生长在这地方。在东海边，两座山夹着丘，上面有树木。另一种说法认为䑏丘就是嗟丘。还有一种说法认为各种果树所存在的地方，在葬埋帝尧之地的东面。

大人国在它的北面，那里的人身材高大，正坐在船上撑船。一种说法认为大人国在䑏丘的北面。

阅读链接

大人国的胎儿要在母腹中孕育三十六年才生下来，一生下来便是白头发，而且身材异常高大，能乘云雨飞行却不会步行，可能是属于龙种一类。

原文

「上古百科」
奢比：也叫奢龙，传说中的神。

奢比之尸在其北，兽身、人面、大耳，珥(ěr)两青蛇。一曰肝榆之尸在大人北。

君子国在其北，衣冠[1]带剑，食兽，使二文虎在旁，其人好(hào)让不争。有薰华草，朝生夕死。一曰在肝榆之尸北。

注释

①衣冠：这里都作动词用，即穿上衣服戴上帽子。

译文

「专家解疑」
谦让：谦虚地不肯担任，不肯接受或不肯占先。

奢比尸在大人国的北面，那里的人都长着野兽的身子、人的面孔、大大的耳朵，耳朵上穿挂着两条青蛇。另一种说法认为肝榆尸在大人国的北面。

君子国在奢比尸的北面，那里的人穿衣戴帽而腰间佩带着剑，能吃野兽，使唤的两只花纹老虎就在身旁，为人喜欢谦让而不争斗。那里有一种薰华草，早晨开花傍晚凋谢。另一种说法认为君子国在肝榆尸的北面。

「专家解疑」

凋谢：（草木花叶）脱落。

阅读链接

在《镜花缘》一书中，也详细记述了君子国这个“礼乐之邦”。在君子国“耕者让畔，行者让路。士庶人等，无论富贵贫贱，举止言谈，莫不慕而有礼”。其子民真不愧为“君子”二字。

原文

青丘国在其北，其人食五谷，衣丝帛。其狐四足九尾。一曰在朝阳北。

帝命竖亥步，自东极至于西极，五亿十选①九千八百步。竖亥右手把算②，左手指青丘北。一曰禹令竖亥。一曰五亿十万九千八百步。

「上古百科」

竖亥：又名太章，传说中一个走得很快的神人。

注释

①选（suàn）：万。②算：古代人计数用的筹码。

译文

青丘国在它的北面。青丘国的人吃五谷，穿丝帛。那里有一种狐狸长着四只爪子九条尾巴。另一种说法认为青丘国在朝阳谷的北面。

天帝命令竖亥用脚步测量大地，从最东端走到最西端，是五亿十万九千八百步。竖亥右手拿着算筹，左手指着青丘国的北面。另一种说法认为是大禹命令竖亥测量大地。还一种说法认为测量出五亿十万九千八百步。

阅读链接

竖亥是华夏量度制作鼻祖。虞舜后期，他奉命丈量国土疆域，竖亥率领随从，对中华大地进行了较精确的测量。不同于神话，他们在测量时，并不是用脚步测量，而是发明了测量仪器——步尺及量度的基本单位尺、丈、里等，为中华计量学做出了突出贡献。

原文

黑齿国在其北，为人黑(齿)，食稻啖[①]蛇，一赤一青，在其旁。一曰在竖亥北，为人黑首，食稻使蛇，其一蛇赤[②]。

下有汤谷[③]。汤谷上有扶桑，十日所浴，在黑齿北。居水中，有大木，九日居下枝，一日居上枝。

注释

①啖（dàn）：吃。 ②这段文字所述都是原画面上的图像。③下有："下有"是针对"上有"而言，原图上自然画着上面有什么，但图画已不存，而说明文字又未记述，故今不知何所指。汤（yáng）谷：据古人解说，这条谷中的水很热。

译文

黑齿国在它的北面，那里的人牙齿漆黑，吃着稻米又吃着蛇，还有一条红蛇和一条青蛇，正围在他身旁。另一种说法认为黑齿国在竖亥所在地的北面，那里的人是黑头，吃着稻米驱使着蛇，其中一条蛇是红色的。

下面有汤谷。汤谷边上有一棵扶桑树，是十个太阳洗澡的地方，在黑齿国的北面。大水中间，有一棵高大的树木，九个太阳停在树的下枝，一个太阳停在树的上枝。

阅读链接

黑齿国最早见于《山海经》，但是这只是传说中的黑齿国。据史料记载，日本、我国古代的唐朝、台湾都有黑齿国的存在。

日本的黑齿国：其（倭国）南有侏儒国，人长三四尺。又南黑齿国……（《梁书·倭国传》下）

唐朝时的黑齿国：唐朝初期，左武卫大将军黑齿·常元即原黑齿国人（黑齿国人以国名为姓氏，称黑齿氏），因功被封为燕国公。

台湾的黑齿国：指台湾早期的原住民，有黑齿习俗。蓝鼎元的《东征集》记载："……（花莲一带）八社之番，黑齿文身，野居草食，皮衣革带。"

「专家解疑」原住民：某个地方较早定居的族群；世代居住某地的人。

原文

劳民国在其北，其为人黑。或曰教民。一曰在毛民北，为人面目手足尽黑。

东方句芒[1]，鸟身人面，乘两龙。

注释

①句（gōu）芒：神话传说中的木神。

译文

劳民国在它的北面，那里的人全身黑色。有的人称劳民国为教民国。另一种说法认为劳民国在毛民国的北面，那里的人脸面眼睛手脚全是黑的。

东方的句芒神，是鸟的身子人的面孔，乘着两条龙。

阅读链接

传说，有一次，郑穆公白天来到一座庙内，有个神进来。那神身子像鸟，四方脸盘。郑穆公见了吓得要跑。那神说："不必害怕，天帝知道你施行德政，派我赐你增寿十九年，使你国家繁荣昌盛，六畜兴旺。"穆公再叩头拜问："请问尊神之大名？"神说："我是句芒。"

「知识百科」
郑穆公：姬姓，郑氏，名兰，郑文公庶子，春秋时期郑国第九位第十一任君主，公元前628-前606年在位。

相关故事

大禹娶亲的传说：

九尾这种野兽，有的叫它三寿，有的叫王寿。大禹年已三十还未娶妻，到了涂山后，怕误了结婚的时间，使国人无制度可遵循，便说："我如果娶妻，必定有吉光才好。"话刚说完，便有一匹九尾白狐走到大禹面前。大禹高兴地说："白色表示我应穿的衣服，它九条尾巴是我为王的证据。"……大禹便在涂山娶妻，名叫女娇女攸。这匹九尾狐，便是青丘国的神兽九尾狐。

「专家解疑」
遵循：遵照。

阅读思考

1. 大人国有什么特点？
2. 为什么说君子国的子民不愧为"君子"二字？
3. 大禹是怎样娶亲的？

海内南经

前面的四个章节中，我们认识了位于海外的一些国家、山川。这一章我们介绍海内由东南角向西的国家地区、山丘河川。枭阳国的人有什么特点？著名的凶兽窫窳长什么样子？它最后被谁制服了？让我们一起去了解一下吧。

原文

海内东南陬以西者。

瓯居海中。闽在海中，其西北有山。一曰闽中山在海中。

三天子鄣山[1]在闽西海北。一曰在海中。

桂林八树在番（pān）隅东。

伯虑国、离耳国、雕题国、北朐（qú）国皆在郁水南。郁水出湘陵南海。一曰相虑。

枭阳国在北朐之西，其为人人面长唇，黑身有毛，反踵，见人笑亦笑，左手操管。

「上古百科」

桂林八树：郭璞注：“八树而成林，言其大也。”我国广西的别称“八桂”，即由《山海经》中的此句演变而来。

注释

①三天子鄣山：即大鄣山，地处皖赣地界，是江西上饶婺源的北部屏障，属黄山余脉，主峰擂鼓尖海拔 1629.8 米。

译文

海内由东南角向西的国家地区、山丘河川依次如下。

瓯在海中。闽在海中，它的西北方有座山。另一种说法认为闽地的山在海中。

三天子鄣山在闽的西北方。另一种说法认为三天子鄣山在海中。桂林的八棵树很大而形成树林，处在番隅的东面。

伯虑国、离耳国、雕题国、北朐国都在郁水的南岸。郁水发源于湘陵南海。另一种说法认为伯虑国叫作相虑国。

枭阳国在北朐国的西面。那里的人是人的面孔而长长的嘴唇，黑黑的身子有长毛，脚跟在前而脚尖在后，一看见人就张口大笑，左手握着一根竹筒。

阅读链接

枭阳国的人很喜欢吃人，嘴特别大。他刚见到人便大笑，一笑则嘴唇能把上额都遮住，他笑过之后才吃人。当地人便在手臂上套两根竹管子，等他一抓人，人便把手从竹管中抽出，然后把他的嘴唇吹到额部而抓获他。

原文

夏后启之臣曰孟涂，是司神于巴。巴人讼(sòng)于孟涂之所，其衣有血者乃执之，是请生。居山上，在丹山西。

窫(yà)窳(yǔ)居弱水中，在狌狌之西，其状如貙，龙首，食人。

有木，其状如牛，引之有皮，若缨、黄蛇。其叶如罗[1]，其实如栾，其木若苉[2]，其名曰建木。在窫窳西弱水上。

氐(dī)人国在建木西，其为人人面而鱼身，无足。

「上古百科」

貙(chū)：一种像野猫而体型略大的野兽。

「上古百科」

栾：传说中的一种树木，树根是黄色的，树枝是红色的，树叶是青色的。

注释

①罗：捕鸟的网。②苉(ōu)：即刺榆树。

译文

夏朝国王启的臣子叫孟涂，是主管巴地诉讼的神。巴地的人到孟涂那里去告状，而告状人中有谁的衣服沾上血迹的就被孟涂拘禁起来。这样就不出现冤枉而有好生之德。孟涂住在一座山上，这座山在丹山的西面。（丹山在丹阳的南面，而丹阳是巴的属地。）

「专家解疑」

诉讼：司法机关在案件当事人和其他有关人员的参与下，按照法定程序解决案件时所进行的活动。分为刑事诉讼、民事诉讼和行政诉讼。俗称打官司。

窫窳住在弱水中，处在能知道人姓名的猩猩的西面，它的形状像貙，长着龙头，能吃人的。

有一种树木，形状像牛，一拉就剥落下树皮，样子像冠帽上缨带、黄色蛇皮。它的叶子像罗网，果实像栾树结的果实，树干像刺榆，名称是建木。这种建木生长在窫窳所在地之西的弱水边上。

氐人国在建木所在地的西面，那里的人都长着人的面孔却是鱼的身子，没有脚。

阅读链接

古时，凡水道由于水浅或当地人民不习惯造船而舟楫不通，只用皮筏交通的，往往认为是水弱不能通舟，便称弱水。

原文

巴蛇[①]食象，三岁而出其骨，君子服之，无心腹之疾。其为蛇青、黄、赤、黑，一曰黑蛇青首，在犀牛西。

旄（máo）马，其状如马，四节有毛。在巴蛇西北，高山南。

注释

①巴蛇：传说中的大蛇。

译文

巴蛇能吞下大象，吞吃后三年才吐出大象的骨头，有才能德行的人吃了巴蛇的肉，就不患心痛或肚子痛之类的病。这种巴蛇的颜色是青色、黄色、红色、黑色混合间杂的。另一种说法认为巴蛇是黑色身子青色脑袋，在犀牛所在地的西面。

旄马，形状像普通的马，但四条腿的关节上都有长毛。旄马在巴蛇所在地的西北面，一座高山的南面。

「知识百科」

蟒蛇：无毒蛇的一类，体长可达六米，是我国蛇类中最大的。头部长、口大，舌的尖端有分叉，背部黑褐色，有暗色斑点，腹部白色。多生活在热带近水的森林里，捕食蛇、蛙、鼠、鸟等。也叫蚺（rán）蛇。

阅读链接

巴蛇其实就是一种很大的蟒蛇，长十丈，身围七八尺，常在树上窥伺鹿兽，鹿兽经过时，便低头绕住它。一会儿鹿死了，先用唾液把它润湿，然后便整个吞下，鹿的骨角都从它的鳞甲之间钻出来，所以有巴蛇吞象之说。

相关故事

窫窳本是黄帝辖下的一国诸侯，不幸被贰负和危暗杀了。黄帝怜悯他无辜丧命，请巫彭、巫抵、巫阳、巫履、巫凡、巫相六大神医上昆仑山会诊，研制出不死神药使他死而复生。窫窳的命是捡回来了，却完全迷失了本性，刚一醒来，就连滚带爬地蹿下山，一头扎进弱水，变成了一条龙首虎爪、号声如婴儿啼哭的吃人怪兽。

后羿是一位射日英雄，非常勇敢。他知道窫窳为祸人间，于是日夜兼程，去捕猎这个恶兽。最终，后羿深入窫窳巢穴，仅一箭，就令窫窳死了第二回，这一回是死有余辜。

「专家解疑」

死有余辜：虽死也抵偿不了罪过，形容罪大恶极。

阅读思考

1. 窫窳长什么样子？谁让它死了第二回？
2. 建木是什么？有什么特点？
3. 传说巴蛇是怎么吞食大型动物的？

海内西经

这一章我们将介绍海内由西南角向北的国家地区、山丘河川。同学们，你们知道我国农耕业的始祖是谁吗？关于他有哪些神奇的传说呢？被称作“万山之祖”和“龙脉之祖”的又是哪座山呢？下面就让我们一起踏上这片神奇的地域去一探究竟吧。

原文

海内西南陬以北者。

后稷之葬，山水环之。在氐国[1]西。

流黄酆（fēng）氏之国，中[2]方三百里，有涂[3]四方，中有山。在后稷葬西。

流沙[4]出钟山，西行又南行昆仑之虚[5]，西南入海，黑水之山。

国在流沙中者埻（dūn）端、玺唤（huàn），在昆仑虚东南。一曰海内之郡，不为郡县在流沙中。

国在流沙外者，大夏、竖沙、居繇（yáo）、月支之国。

西胡白玉山在大夏东，苍梧在白玉山西南，皆在流沙西，昆仑虚东南。昆仑山在西胡西。皆在西北。

「上古百科」

后稷（jì）：姬姓，名弃，帝喾的长子，周朝先祖，农耕业的始祖，被称为稷王（也作稷神或者农神）。

注释

①氐国：就是上文所说的氐人国。②中：域中，即国内土地的意思。③涂：通“途”。道路。④流沙：沙子和水一起流动的一种自然现象。⑤虚（qū）：大丘。即指山。

译文

海内由西南角向北的国家地区、山丘河川依次如下。

后稷的葬地，有青山绿水环绕着它。后稷葬地在氐人国的西面。

流黄酆氏国，疆域有方圆三百里大小。有道路通向四方，中间有一座大山。流黄酆氏国在后稷葬地的西面。

流沙的发源地在钟山，向西流动而再朝南流过昆仑山，继续往西南流入大海，直到黑水山。

在流沙中的国家有埻端国、玺㬇国，都在昆仑山的东南面。另一种说法认为埻端国和玺㬇国是在海内建置的郡，不把它们称为郡县，是因为处在流沙中的缘故。

在流沙以外的国家，有大夏国、竖沙国、居繇国、月支国。

西方胡人的白玉山国在大夏国的东面，苍梧国在白玉山国的西南面，都在流沙的西面，昆仑山的东南面。昆仑山位于西方胡人所在地的西面。总的位置都在西北方。

阅读链接

后稷的出生充满神话色彩，《史记·周本纪》有很通晓的阐述：“周后稷，名弃。其母有邰氏女，曰姜原（通嫄）。姜原为帝喾元妃。姜原出野，见巨人迹，心忻然悦，欲践之。践之而身动，如孕者。居期而生子，以为不祥，弃之隘巷，马牛过者，皆辟不践。徙置之林中，适会山林多人，迁之，而弃渠中冰上，飞鸟以其翼覆荐之。姜原以为神，帝收养长之，因名曰弃。”

「知识百科」

《史记·周本纪》：此本纪出自司马迁《史记》卷四、本纪第四，记述了周王朝兴衰的历史。

原文

海内昆仑之虚，在西北，帝之下都。昆仑之虚，方八百里，高万仞。上有木禾，长五寻①，大五围。面有九井，以玉为槛②。面有九门，门有开明兽守之，百神之所在。在八隅之岩，赤水之际，非仁羿莫能上冈之岩。

「上古百科」
羿：即后羿，神话传说中的英雄人物，善于射箭，曾经射掉九个太阳，射死毒蛇猛兽，为民除害。

注释

①寻：古代的八尺为一寻。②槛（jiàn）：窗户下或长廊旁的栏杆。这里指井栏。

译文

海内的昆仑山，屹立在西北方，是天帝在下方的都城。昆仑山，方圆八百里，高一万仞。山顶有一棵像大树似的稻谷，高达五寻，粗细需五人合抱。昆仑山的每一面有九眼井，每眼井都有用玉石制成的围栏。昆仑山的每一面有九道门，而每道门都有称作开明的神兽守卫着，是众多天神聚集的地方。众多天神聚集的地方是在八方山岩之间，赤水的岸边，不是仁人或具有像后羿那样本领的人就不能攀上那些山冈岩石。

阅读链接

昆仑山，又称昆仑虚，是中国西部山系的主干。西起帕米尔高原东部，横贯新疆、西藏，绵延至青海境内，全长约2500公里，平均海拔5500～6000米。被称作“万山之祖”和“龙脉之祖”。昆仑山还是产生中华民族神话传说的摇篮，很多神话传说都与昆仑山有关，如《嫦娥奔月》《白蛇传》等。

「专家解疑」
海拔：从平均海平面起算的高度。

原文

昆仑南渊深三百仞。开明兽身大类虎而九首，皆人面，东向立昆仑上。

开明西有凤皇、鸾鸟，皆戴蛇践蛇，膺（yīng）有赤蛇。

开明北有视肉、**珠树**、**文玉树**、**玗琪树**、**不死树**。凤皇、鸾鸟皆戴瞂①。又有离朱、木禾、柏树、甘水、圣木曼兑②，一曰挺木牙交。

「上古百科」
珠树：神话传说中的生长珍珠的树。

注释

①瞂（fá）：盾。②离朱：即太阳里的踆乌，也叫三足乌。甘水：即古人所谓的醴泉，甜美的泉水。圣木曼兑：一种叫作曼兑的圣树，服食了它可使人圣明智慧。

「上古百科」
文玉树：神话传说中的生长五彩美玉的树。

译文

昆仑山的南面有一个深三百仞的渊潭。开明神兽的身子大小像老虎却长着九个脑袋，九个脑袋都是人一样的面孔，朝东立在昆仑山顶。

开明神兽的西面有凤凰、鸾鸟栖息，都各自缠绕着蛇踩踏着蛇，胸前还有红色的蛇。

开明神兽的北面有视肉怪兽、珠树、文玉树、玗琪树、不死树，那里的凤凰、鸾鸟都戴着盾牌，还有三足乌、像树似的稻谷、柏树、甘水、圣木曼兑。另一种说法认为圣木曼兑叫作挺木牙交。

「上古百科」
玗（yú）琪（qí）树：神话传说中的生长红色玉石的树。

「上古百科」
不死树：神话传说中的一种长生不死的树，人服食了它可长生不老。

阅读链接

开明神兽的职责是守护昆仑山，而上文中提到，昆仑山上还有一位叫作陆吾的天神，“状虎身而九尾，人面而虎爪”（《西山经》）。但是，开明兽并非陆吾，他们分别是昆仑山不同方位的守护者。

原文

开明东有巫彭、巫抵、巫阳、巫履、巫凡、巫相，夹窫窳之尸，皆操不死之药以距[①]之。窫窳者，蛇身人面，贰负臣所杀也。

服常树，其上有三头人，伺琅玕树。

开明南有树鸟，六首蛟、蝮、蛇、蜼、豹。鸟秩树[②]，于表池树[③]木；诵鸟、鵻、视肉[④]。

「上古百科」

琅（láng）玕（gān）树：传说这种树上结出的果实就是珠玉。

注释

①距：通“拒”。抗拒。②蛟：像蛇的样子，但有四只脚，属于龙一类。蝮：大蛇。鸟秩树：不详何种树木。③树：这里是动词，环绕着、排列着的意思。④诵鸟：不详何种禽鸟。鵻（sǔn）：雕鹰。

译文

开明神兽的东面有巫医巫彭、巫抵、巫阳、巫履、巫凡、巫相，他们围在窫窳的尸体周围，都手捧不死药来抵抗死亡而要使他复活。这位窫窳，是蛇的身子人的面孔，被贰负和他的臣子危合伙杀死的。

有一种服常树，它上面有个长着三颗头的人，静静伺察着附近的琅玕树。

开明神兽的南面有种树鸟，那里还有长着六个脑袋的蛟龙、蝮蛇、蛇、长尾猿、豹子。鸟秩树，在水池四周环绕着其他树木而显得华美；那里还有诵鸟、鵻鸟、视肉怪兽。

「知识百科」

《群经平议·孟子一》：《群经平议》中的一卷。《群经平议》，顾名思义，是儒家文献资料的汇编，共三十五卷。

阅读链接

巫医即具有巫师和医师两重身份的人，朱子注云：巫所以交鬼神，医所以寄死生。上古时期，医、巫不分，而“医”字，古作毉，或医本源于巫。清·俞樾《群经平议·孟子一》：“是巫、医古得通称，盖医之先亦巫也。”巫医在医药学的发展上既起到积极的促进作用，也有阻碍其发展的一方面。

相关故事

后稷是农耕业的始祖，小时候就有远大的志向。他看到人们追逐动物、采食野果，终日过着漂泊不定的生活，就想：如果能有一个固定供应食物的地方就好了。他通过仔细观察，把野生的麦子、稻子、大豆、高粱以及各种瓜果的种子采集起来，种在自己开垦的小片土地里，定时浇水、锄草，悉心照料。等到它们成熟了，结的果实非常饱满，而且比野生的味道好。

「专家解疑」

开垦：把荒地开辟成可以种植的土地。

悉心：用尽所有的精力。

为了更有效地培育这些野生的植物，后稷还用木头和石块制造了简单的工具。等长大成人，他在农业方面已经积累了丰富的经验。后稷毫无保留地把自己的农耕知识传授给人们，从而使人们逐步摆脱了仅靠打猎、捕鱼和采食野果的生活。因此人们把他尊称为“后稷”，“后”的意思是君王，“稷”的意思是粮食。

后稷死后，人们为了纪念他的功劳，就把他葬在一个风景美好的地方——都广之野。天上的神仙们上下往来的天梯就在它的附近。“都广之野”土地肥沃，各种谷物庄稼茁壮生长，每到秋天收获季节，还会出现凤凰率百鸟在这里起舞的奇异景象。

「专家解疑」

肥沃(wò)：（土地）含有较多的适合植物生长的养分、水分。

阅读思考

1. 巫医是什么样的人？医、巫有何关系？
2. 后稷为后世做出了什么贡献？
3. 与昆仑山相关的有哪些神话故事？

海内北经

这一章我们介绍海内由西北角向东的国家地区、山丘河川。前两章中我们认识了一个龙头、野猫身，并且吃人的凶兽窫窳，其实这个凶兽原本是个老实善良的天神，他是钟山山神烛龙的儿子。那究竟为什么他会变成祸害人间的凶兽呢？读一下下面的传说就知道了。

原文

海内西北陬以东者。

蛇巫之山，上有人操柸①而东向立。一曰龟山。

西王母梯几②而戴胜杖。其南有三青鸟，为西王母取食。在昆仑虚北。

匈奴、开题之国、列人之国并在西北。

贰负之臣曰危，危与贰负杀窫窳。帝乃梏③之疏属之山，桎④其右足，反缚两手与发，系之山上木。在开题西北。

有人曰大行伯，把戈。其东有犬封国。贰负之尸在大行伯东。

犬封国曰犬戎国，状如犬。有一女子，方⑤跪进杯食。有**文马**，缟⑥身朱鬣（liè），目若黄金，名曰吉量，乘之寿千岁。

「上古百科」
贰负：神话传说中的天神，样子是人的脸面、蛇的身子。

「上古百科」
文马：皮毛带有色彩花纹的马。

注释

①柸（bàng）：即“棓”，音义同而字形异。棓，同“棒”。棍子，大棒。②梯：凭倚，凭靠。几：矮或小的桌子。③梏：古代木制的手铐。这里是拘系、拘禁的意思。④桎：古代拘系罪人两脚的刑具。⑤方：正在。⑥缟：白色。

译文

海内由西北角向东的国家地区、山丘河川依次如下。

蛇巫山，上面有人拿着一根棍棒向东站着。另一种说法认为蛇巫山叫作龟山。

西王母靠倚着小桌案而头戴玉胜，扶杖而立。在西王母的南面有三只勇猛善飞的青鸟，正在为西王母觅取食物。西王母和三青鸟的所在地是在昆仑山的北面。

匈奴国、开题国、列人国都在西北方。

贰负神的臣子叫危，危与贰负合伙杀死了窫窳神。天帝便把贰负拘禁在疏属山中，并给他的右脚戴上刑具，还用他自己的头发反绑上他的双手，拴在山上的大树下。这个地方在开题国的西北面。

有个神人叫大行伯，手握一把长戈。在他的东面有犬封国。贰负之尸也在大行伯的东面。

犬封国也叫犬戎国，那里的人都是狗的模样。犬封国有一女子，正跪在地上捧着一杯酒食向人进献。那里还有文马，是白色身子红色鬃毛，眼睛像黄金一样闪闪发光，名称是吉量，骑上它就能使人长寿千岁。

「专家解疑」

拘禁：把被逮捕的人暂时关起来。

阅读链接

窫窳本是传说中的天神，是烛龙的儿子。原来的样子是人的脸面、蛇的身子，而且老实善良。后被贰负及其臣子杀死，黄帝不忍烛龙伤心，用不死药让其复活，却化成上文所说的样子——龙头，野猫身，并且吃人（《海内南经》）。

原文

鬼国在贰负之尸北，为物人面而一目。一曰贰负神在其东，为物人面蛇身。

蜪（táo）犬如犬，青，食人从首始。

穷奇状如虎，有翼，食人从首始，所食被发[①]。在蜪犬北。一曰从足。

「上古百科」

穷奇：中国古代四凶之一，西方天帝少昊的儿子。现多见于各种游戏形象与各种小说之中，也用以比喻背信弃义的人。

注释

①被发：即披发。被，通“披”。

译文

鬼国在贰负之尸的北面，那里的人物是人的面孔却长着一只眼睛。另一种说法认为贰负神在鬼国的东面，他是人的面孔而蛇的身子。

蜪犬的形状像一般的狗，全身是青色，它吃人是从人的头开始吃起。

穷奇的形状像一般的老虎，却生有翅膀，穷奇吃人是从人的头开始吃。正被吃的人是披散着头发的。穷奇在蜪犬的北面。另一种说法认为穷奇吃人是从人的脚开始吃起。

阅读链接

穷奇是传说中抑善扬恶的恶神，与饕(tāo)餮(tiè)，混沌，梼(táo)杌(wù)并称为四大凶兽。《神异经·西北荒经》载："西北有兽，其状似虎，有翼能飞，便剿食人，知人言语，闻人斗辄食直者，闻人忠信辄食其鼻，闻人恶逆不善辄杀兽往馈之，名曰穷奇。"

「知识百科」

《神异经·西北荒经》：《神异经》中的一章。《神异经》旧本题汉东方朔撰，是中国古代汉族神话志怪小说集，所载皆荒外之言，怪诞不经。

原文

阘（tà）非，人面而兽身，青色。

据比之尸，其为人折颈被发，无一手。

环狗，其为人兽首人身。一曰猬状如狗，黄色。

袜，其为物人身、黑首、从①目。

「上古百科」

袜（mèi）：即魅，古人认为物老则成魅。就是现在所说的鬼魅、精怪。

注释

①从（zòng）：通"纵"。

译文

阘非，长着人的面孔却是兽的身子，全身是青色。

天神据比的尸首，形象是折断了脖子而披散着头发，没了一只手。

环狗，这种人是野兽的脑袋人的身子。另一种说法认为是刺猬的样子而又像狗，全身是黄色。

袜，这种怪物长着人的身子、黑色脑袋、竖立的眼睛。

阅读链接

袜是传说中的鬼怪，《韩非子·外储说左上》：“鬼魅，无形者，不罄于前，故易之也。”

《说文·鬼部》：“鬼，人所归为鬼。”而“古者死人为归人”。当然，这些都是迷信的说法，我们应当相信科学，这些鬼怪之说不可当真。

原文

戎，其为人人首三角。

林氏国有珍兽，大若虎，五采毕具，尾长于身，名曰驺（chú）吾，乘之日行千里。

昆仑虚南所，有泛林①方三百里。

从极之渊，深三百仞，维②**冰夷**恒都焉。冰夷人面，乘两龙。一曰忠极之渊。

注释

①泛林：即上文所说的范林，意为树木茂密丛生的树林。②维：通“惟”“唯”。独，只有。

译文

戎，这种人长着人的头而头上却有三只角。

林氏国有一种珍奇的野兽，大小与老虎差不多，身上有五种颜色的斑纹，尾巴比身子长，名称是驺吾，骑上它可以日行千里。

昆仑山南面的地方，有一片方圆三百里的泛林。

从极渊有三百仞深，只有冰夷神常常住在这里。冰夷神长着人的面孔，乘着两条龙。另一种说法认为从极渊叫作忠极渊。

「知识百科」

《韩非子·外储说左上》：《韩非子》中的内容。《韩非子》是战国时期法家学说集大成者韩非的著作总集，是一套法、术、势相结合的法治理论，为历代帝王必学之书。

「上古百科」

冰夷：也叫冯（píng）夷、无夷，即河伯，传说中的水神。

阅读链接

河伯是古代黄河水神，而且是一个浪荡风流的神。一次，河伯变成一条白龙，游于水旁，羿见了，射中了他的左眼。河伯向天帝上诉，说："请为臣杀掉羿。"天帝便问道："你为什么被他射呢？"河伯回答说："我当时变为白龙出去游玩，被他看见。"天帝说："假设你深守在水宫之中，羿如何能射你？现在你浮出水面来，如同虫兽一样，被他射中，羿有什么罪？"

河伯专在河里溺杀过河的人，所以羿才射中他的左眼。

「专家解疑」
浪荡：①到处游逛，不务正业；游荡。②行为不检点；放荡。

原文

阳污（yū）之山，河出其中；凌门之山，河出其中。

王子夜之尸，两手、两股、胸、首、齿，皆断异处。

大泽方百里，群鸟所生及所解。在雁门北。

雁门山，雁出其间。在高柳北。

高柳在代北。

舜妻登比氏生宵明、烛光，处河大泽，二女之灵能照此所方百里。一曰登北氏。

东胡在大泽东。

夷人在东胡东。

貊（mò）国在汉水东北。地近于燕，灭之。

孟鸟在貊国东北。其鸟文赤、黄、青，东乡[1]。

「上古百科」
宵明、烛光：郭璞注："即二女字也，以能光照，因名云。"

注释

①乡（xiàng）：通"向"。

译文

阳污山，黄河的一条支流从这座山发源；凌门山，黄河的另一条支流从这座山发源。

王子夜的尸体，两只手、两条腿、胸脯、脑袋、牙齿，都斩断而分散在不同地方。

「专家解疑」

孵化：昆虫、鱼类、鸟类或爬行动物的卵在一定的温度和其他条件下变成幼虫或幼体。

大泽方圆一百里，是各种禽鸟生卵孵化幼鸟和脱换羽毛的地方。大泽在雁门的北面。

雁门山，是大雁冬去春来出入的地方。雁门山在高柳山的北面。

高柳山在代地的北面。

帝舜的妻子登比氏生了宵明、烛光两个女儿，她们住在黄河边上的大泽中，两位神女的灵光能照亮这里方圆百里的地方。另一种说法认为帝舜的妻子叫登北氏。

东胡国在大泽的东面。

夷人国在东胡国的东面。

貊国在汉水的东北面。它靠近燕国的边界，后来被燕国灭掉了。

孟鸟在貊国的东北面。这种鸟的羽毛花纹有红、黄、青三种颜色，向着东方。

阅读链接

据说，王子夜之尸便是被有易君绵臣杀害的王亥（《大荒东经》）。王亥是华商始祖，开创了华夏商业贸易的先河。王亥来自商部落，是商部落族的第七任首领，商人、商品、商业的名称就是由此而来。

相关故事

关于犬封国还有一说，早在高辛氏时代，有个房王叛乱。帝喾便下诏说："谁能够献上房氏的脑袋，赏赐一千斤黄金，并赏给美女。"群臣都知道房氏身强力壮，难以捉获他。帝喾有条狗名字叫盘瓠，长着五色的毛，常随帝喾出入于宫中。一天，这条狗突然不见了，经过三天还没找到，帝喾感到非常奇怪。原来，这条狗跑到房王那儿去了。房王见了它非常高兴，告诉左右的侍者说：“高辛氏的末日到了！连狗都舍弃了他而投奔我，我们必然要兴旺了。”房氏于是大摆宴席，为狗的到来而庆贺。这天深夜，房氏喝得大醉而睡下了。盘瓠便咬下了他的头返回帝喾宫中。帝喾见狗衔了乱党之首房王的脑袋，十分高兴，便拿出许多鲜肉喂狗，可是狗竟然一点也不吃。整整一天，帝喾呼叫它，它也不起。帝喾说：“你也不进食，呼叫也不来，莫不是恨怨我不赏你吗？我现在依照诏上所说的赏赐你，行不行？”盘瓠听了帝喾这话，立即跳跃起来。帝喾便封盘瓠为会稽侯，赏赐五个美女。会稽郡有一千户，后来盘瓠与美女生了三个儿子六个女儿。男孩生下后，虽像人，但有狗尾巴。之后，他们子孙昌盛，便号犬戎国，或犬封国。

「专家解疑」

投奔：前去依靠（别人）。

阅读思考

1. 犬封国的人长什么样子？
2. 窫窳是被谁杀害了？它前后有何变化？
3. 被称为四大凶兽的是哪四种野兽？

海内东经

这一章我们将介绍海内由东北角向南的国家地区、山丘河川。上一章中我们讲述了“万山之祖”昆仑山，这一章也有一座神话中的名山——蓬莱山。蓬莱山不仅是传说中的仙山，现实中也是一座景致幽雅的游览胜地。那么，蓬莱山位于哪里呢？海内东经中又有哪些传说呢？一起去看看吧。

原文

「上古百科」
大蟹：据古人说是一种方圆千里大小的蟹。

「上古百科」
鲠(biān)：同“鳊”。即鲂鱼，体型侧扁，背部特别隆起，略呈菱形，像现在所说的武昌鱼，肉味鲜美。

海内东北陬以南者。

钜燕在东北陬。

盖国在钜[1]燕南，倭（wō）北。倭属燕。

朝鲜在列阳东，海北山南。列阳属燕。

列姑射在海河州[2]中。

（射）姑［射］国在海中，属列姑射。西南，山环之。

大蟹在海中。

陵鱼[3]人面，手足，鱼身，在海中。

大**鲠**居海中。

明组邑[4]居海中。

蓬莱山在海中。

大人之市在海中。

注释

①钜：通“巨”，大。这里是形容词。②河州：据古人说是黄河流入海中形成的小块陆地。州是水中高出水面的土地。③陵鱼：即上文所说的人鱼、鲵鱼，俗称娃娃鱼。④明组邑：可能是生活在海岛上的一个部落。邑即邑落，指人所聚居的部落、村落。

译文

海内由东北角向南的国家地区、山丘河川依次如下。

大燕国在海内的东北角。

盖国在大燕国的南面，倭国的北面。倭国隶属于燕国。

朝鲜在列阳的东面，北面有大海而南面有高山。列阳隶属于燕国。

列姑射在大海的河州上。

姑射国在海中，隶属于列姑射。

射姑国的西南部，高山环绕着它。

大蟹生活在海里。

陵鱼长着人的面孔，而且有手有脚，却是鱼的身子，生活在海里。

大鲠鱼生活在海里。

明组邑生活在海岛上。

蓬莱山屹立在海中。

大人贸易的集市在海里。

「专家解疑」

隶(lì)属：（区域、机构等）受管辖；从属。

阅读链接

蓬莱山：传说中的仙山，上面有神仙居住的宫室，都是用黄金玉石建造成的，飞鸟走兽纯白色，远望如白云一般。不谈神话，蓬莱山峰峦叠翠，景致幽雅，气候宜人，令游人流连忘返。《尤溪县志》有诗云：“微风轻动雾云开，日照峰巅香烛台。不为神灵躬朝观，只缘赏景上蓬莱。”

原文

琅邪台[1]在渤海间，琅邪[2]之东。其北有山。一曰在海间。

都州在海中。一曰郁州。

韩雁[3]在海中，都州南。

始鸠[4]在海中，韩雁南。

雷泽中有**雷神**，龙身而人头，鼓[5]其腹。在吴西。

会稽山在大楚南。

「上古百科」

雷神：中国神话中主管打雷的神。俗称雷公。据传这位雷神只要鼓动他的肚子就会响起雷声。

注释

①琅（láng）邪（yá）台：据古人讲，琅邪台本来是一座山，高耸突起，形状如同高台，所以被称为琅邪台。②琅邪：指春秋时越王勾践修筑的琅邪台，周长七里，用来观望东海。③韩雁：难以断定是国名，或鸟名。如果是国名，则应在海中的岛屿上。④始鸠：也难以断定是国名，或鸟名。⑤鼓：这里是动词，即鼓动，振作。

译文

琅邪山位于渤海与海岸之间，在琅邪台的东面。琅邪台的北面有座山。另一种说法认为琅邪山在海中。

都州在海里。一种说法认为都州叫作郁州。

韩雁在海中，又在都州的南面。

始鸠在海中，又在韩雁的南面。

雷泽中有一位雷神，长着龙的身子人的头，他一鼓起肚子就响雷。雷泽在吴地的西面。

会稽山在大楚的南面。

「专家解疑」

膜拜：跪在地上举两手虔诚地行礼。

阅读链接

上古时代，人们对打雷这种自然现象没有科学的认识，认为是神灵发怒，所以感到恐惧，对之加以膜拜。雷神的形象从最初的人头龙身(《山海经》)，逐步演化为猴脸、尖嘴的标准形象：“状若力士，裸胸袒腹，背插两翅，额具三目，脸赤如猴，下颏长而锐，足如鹰鹯，而爪更厉。左手执楔，右手执椎，作欲击状。自顶至旁，环悬连鼓五个，左足盘蹑一鼓，称曰雷公江天君。”(《集说诠真》)

会稽山原来叫作茅山，为了纪念大禹的功绩改名会稽山。《越绝书》载：“禹始也，忧民救水，到大越，上茅山，大会计，爵有德，封有功，更名茅山曰会稽。”

原文

岷三江：首大江出汶山，北江出曼山，南江出高山。高山在城都西，入海在长州南。

浙江出三天子都，在其东，在闽西北，入海，馀暨南。

庐江出三天子都。入江，彭泽西。一曰天子鄣。

淮水出馀山，馀山在朝阳东，义乡西，入海，淮浦北。

湘水出舜葬东南陬，西环之，入洞庭下。一曰东南西泽。

汉水出鲋鱼之山。帝颛顼葬于阳，九嫔葬于阴，四蛇卫之。

濛水出汉阳西，入江，聂阳西。

温水出崆峒山，在临汾南，入河，华阳北。

颍水出少室，少室山在雍氏南，入淮西鄢北。一曰缑氏。

汝水出天息山，在梁勉乡西南，入淮极西北，一曰淮在期思北。

泾水出长城北山，山在郁郅、长垣北，北入渭，戏北。

渭水出鸟鼠同穴山，东注河，入华阴北。

白水出蜀，而东南注江，入江州城下。

沅水出象郡镡城西，入东注江，入下隽西，合洞庭中。

赣水出聂都东山，东北注江，入彭泽西。

泗水出鲁东北而南，西南过湖陵西，而东南注东海，入淮阴北。

郁水出象郡，而西南注南海，入须陵东南。

肄水出临晋西南，而东南注海，入番禺西。

潢水出桂阳西北山，东南注肄水，入敦浦西。

洛水出洛西山，东北注河，入成皋西。

汾水出上窳北，而西南注河，入皮氏南。

沁水出井陉山东，东南注河，入怀东南。

济水出共山南东丘，绝钜鹿泽，注渤海，入齐琅槐东北。

潦水出卫皋东，东南注渤海，入潦阳。

虖沱水出晋阳城南，而西至阳曲北，而东注渤海，入越章武北。

漳水出山阳东，东注渤海，入章武南。

阅读链接

从“岷三江”至“入章武南”这一大段文字，据学者的研究，认为不是《山海经》原文，而是《水经》一书中的文字。但因这段文字为底本所原有，故仍保留它，唯不做注、译。

「知识百科」

《水经》：中国古代记载河流的专著，此书只是简要记述了全国一百三十七条主要河流的水道情况，缺乏系统性，不够详细、具体。北魏郦道元在《水经》的基础上，作了补充和发展，即为地理学著作《水经注》。

相关故事

雷神居住在雷泽，雷泽两岸为雷河。雷神不开心时，雷河就波涛汹涌，河水混浊不堪。雷河两岸居住着华胥国的百姓，百姓都对雷神无计可施，深受其苦。华胥国有个华胥姑娘心中不满，去找雷神理论，而雷神对她心生好感，让她嫁给自己。为了华胥国百姓可以安居乐业，华胥姑娘答应了。自此以后，雷河两岸风调雨顺，五谷丰登。一年后，他们的儿子出生了。华胥姑娘把儿子放在葫芦上让他漂回华胥国，这个孩子就被取名葫芦。华胥国方言，伏羲即葫芦的谐音，这个小孩就是伏羲。长大后，伏羲日夜思念母亲，于是攀登建木去天庭看望母亲。雷神将此禀报天帝，天帝就将伏羲封为华胥国国君，为上古五帝之一。

阅读思考

1. 本书中描写的雷神是什么形象？跟现在我们所知道的雷神形象有何不同？

2. 传说雷神是怎么打雷的？

3. 会稽山原来叫什么山？为什么改名？

大荒东经

前面我们认识了周饶国，这个国家的人都身材矮小，这一章里我们将认识真正的小人国，还有很多其他新奇的国家。另外，还记载了与黄帝、大禹等有关的许多重要神话资料。想知道哪些山是太阳和月亮初出升起的地方吗？而帝俊又是谁呢？这些问题的答案就在下面，快去寻找吧。

原文

东海之外大壑[1]，少昊之国。**少昊**[2]孺帝颛顼于此，弃其琴瑟[3]。有甘山者，甘水出焉，生甘渊[4]。

东南海之外，甘水之间，有羲和之国。有女子名曰羲和，方日浴于甘渊。羲和者，帝俊之妻，生十日。

大荒东南隅有山，名皮母地丘。

东海之外，大荒之中，有山名曰大言，日月所出。

「上古百科」

少昊：传说中的上古帝王，名叫挚，以金德称王，所以号称金天氏。

注释

①壑（hè）：坑谷，深沟。②孺：通“乳”。用乳奶喂养。这里是抚育、养育的意思。③琴瑟：古时两种拨弦乐器。④渊：水流汇积就成为深渊。

译文

东海以外有一深得不知底的沟壑，是少昊建国的地方。少昊就在这里抚养帝颛顼成长，帝颛顼幼年玩耍过的琴瑟还丢在沟壑里。有一座甘山，甘水从这座山发源，然后流汇成甘渊。

在东南海之外，甘水流经的地域，有个羲和国。那儿有个女子名叫羲和，在甘渊中正为她的太阳儿子洗浴。羲和，是帝俊的妻子，她生了十个太阳。

大荒的东南角有座高山，名称是皮母地丘。

东海以外，大荒当中，有座山叫作大言山，是太阳和月亮初出升起的地方。

阅读链接

据文献记载，琴瑟是由伏羲发明的。琴瑟均由梧桐木制成，内有空腔，丝绳为弦。琴最开始是五弦，后来改成七弦；瑟有二十五弦。琴瑟合奏，声音和谐，古人认为琴瑟可以顺畅阴阳之气和纯洁人心。

「专家解疑」

弦（xián）：乐器上发声的线，一般用丝线、铜丝或钢丝等制成。

原文

有波谷山者，有大人之国，有大人之市，名曰大人之堂[①]。有一大人踆[②]其上，张其两耳。

有小人国，名**靖人**。

有神，人面兽身，名曰犁䰱（líng）之尸。

「上古百科」

靖人：传说东北极有一种人，身高只有九寸，这就是靖人。

注释

①大人之堂：本是一座山，因为山的形状就像是一座堂屋，所以称作大人堂。②踆（cūn）：通“蹲”。

译文

有座波谷山，有个大人国就在这山里。有大人做买卖的集市，就在叫作大人堂的山上。有一个大人正蹲在上面，张开他的两只手臂。

有个小人国，那里的人被称作靖人。

有一个神人，长着人的面孔野兽的身子，叫作犁䰠尸。

阅读链接

除《山海经》外，其他有关大人国的记载与《山海经》有所差异。晋张华《博物志·外国》云：“大人国，其人孕三十六年，生白头，其儿则长大，能乘云雨而不能走，盖龙类。去会稽四万六千里。”

「知识百科」
《博物质·外国》：《博物志》中的内容。《博物志》共十卷，其中包括神话、古史、地理、博物等内容。

原文

大荒之中，有山名曰合虚，日月所出。

有中容之国。帝俊[1]生**中容**，中容人食兽、木实，使四鸟：豹、虎、熊、罴。

有东口之山。有君子之国，其人衣冠带剑。

有司幽之国。帝俊生晏龙，晏龙生司幽，司幽生思土，不妻；思女，不夫。食黍，食兽，是使四鸟。

「上古百科」
中容：中容国创始人。传说颛顼生有才子八人，其中就有中容。

注释

①帝俊：本书屡屡出现叫帝俊的上古帝王，具体所指，各有不同，而神话传说，分歧已大，历时既久，更相矛盾，实难确指，只可疑似而已。以下同此。这里似指颛顼。

译文

在大荒当中，有座山叫作合虚山，是太阳和月亮初出升起的地方。

有一个国家叫中容国。帝俊生了中容，中容国的人吃野兽的肉、树木的果实，能驯化驱使四种野兽：豹子、老虎、熊、罴。

「专家解疑」
驯化：野生动物、植物经人工长期饲养或培育而逐渐改变原来的习性，成为家畜、家禽或栽培植物。

有座东口山。有个君子国就在东口山，那里的人穿衣戴帽而且腰间佩带宝剑。

有个国家叫司幽国。帝俊生了晏龙，晏龙生了司幽，司幽生了思土，而思土不娶妻子；司幽还生了思女，而思女不嫁丈夫。司幽国的人吃黄米饭，也吃野兽肉，能驯化驱使四种野兽。

阅读链接

思土不妻，思女不夫：神话传说虽然他们不娶亲，不嫁人，但因精气感应、魂魄相合而生育孩子，延续后代。

原文

有大阿之山者。

大荒之中，有山名曰明星，日月所出。

有白民之国。**帝俊**生[1]帝鸿，帝鸿生白民，白民销姓，黍食，使四鸟：虎、豹、熊、罴。

有青丘之国。有狐，九尾。

「上古百科」
帝俊：似指少典，传说中的上古帝王，娶有蟜氏，生黄帝、炎帝二子。

注释

①生：在本书中，“生”字的用法，并不一定都指某人诞生某人，也多指某人所生存、遗存的后代子孙。这里就是指后代而言。以下这种用意尚多。

译文

有一座山叫作大阿山。

大荒当中有一座高山，叫作明星山，是太阳和月亮初出升起的地方。

有个国家叫白民国。帝俊生了帝鸿，帝鸿的后代是白民，白民国的人姓销，以黄米为食物，能驯化驱使四种野兽：老虎、豹子、熊、罴。

有个国家叫青丘国。青丘国有一种狐狸，长着九条尾巴。

阅读链接

在本经和《海外东经》中均提到青丘国和九尾狐，从《山海经》中的青丘九尾狐可看出，九尾狐最先是作为图腾神被人崇拜的。汉代盛行符命思想，九尾狐也被符命化了，成为祥瑞的神秘象征符号。唐宋时期，狐已经被人设庙参拜，而且十分流行。九尾狐最晚在北宋初期已被妖化了。而中国远古史上最著名的九尾狐便是商纣王的妃子妲己。此时，九尾狐的神圣和光荣彻底丧失了，九尾狐成为最淫最媚最坏的女人的象征。

「专家解疑」参拜：以一定的礼节进见敬重的人或瞻仰敬重的人的遗像、陵墓等。

原文

海内有两人[1]，名曰女丑。女丑有大蟹。

大荒之中，有山名曰孽摇頵（yūn）羝（dī）。上有扶木，柱[2]三百里，其叶如芥。有谷曰温源谷[3]。汤谷上有扶木，一日方至，一日方出，皆载于乌[4]。

有神，人面、犬耳、兽身，珥两青蛇，名曰奢比尸。

有五采之鸟，相乡弃沙[5]。惟帝俊下友。帝下两坛，采鸟是司。

「上古百科」芥（jiè）：芥菜，花茎带着叶子，而叶子有叶柄，不包围花茎。

「上古百科」五采之鸟：即五采鸟，属鸾鸟、凤凰之类。采，通“彩”。彩色。

注释

①两人：下面只说了一个，大概文字上有逸脱。②柱：像柱子般直立着。③温源谷：就是上文所说的汤谷，谷中水很热，太阳在此洗澡。④乌：就是上文所说的踆乌、离朱鸟、三足乌，异名同物。⑤乡：通“向”。弃沙：不详何意。有些学者认为“弃沙”二字是“媻娑”二字的讹误，而媻娑的意思是盘旋而舞的样子。

译文

海内有两个神人，其中的一个名叫女丑。女丑有一只听使唤的大螃蟹。

在大荒当中，有一座山名叫孽摇頵羝。山上有棵扶桑树，高耸三百里，叶子的形状像芥菜叶。有一道山谷叫作温源谷。汤谷上面也长了棵扶桑树，一个太阳刚刚回到汤谷，另一个太阳刚刚从扶桑树上出去，都负载于三足乌的背上。

有一个神人，长着人的面孔、大大的耳朵、野兽的身子，耳朵上穿挂着两条青色的蛇，名叫奢比尸。

有一群长着五彩羽毛的鸟，相对而舞，天帝帝俊从天上下来和它们交友。帝俊在下界的两座祭坛，由这群五彩鸟掌管着。

「专家解疑」
祭坛：祭祀用的台。

阅读链接

神话传说中，三足乌是帝俊的儿子，每日轮流上天遨游，就是我们见到的太阳。故太阳也称为“三足乌”“金乌”“赤乌”。有诗云：“金乌海底初飞来”（韩愈）；“白兔赤乌相趁走”（白居易）。“乌飞兔走”这个词用来比喻时光飞逝。

原文

大荒之中，有山名曰猗天苏门，日月所生。有壎（xūn）民之国。有綦（qí）山。又有摇山。有䰝（zèng）山。又有门户山。又有盛山。又有待山。有五采之鸟。

东荒之中，有山名曰壑明俊疾，日月所出。有中容之国。

东北海外，又有三青马、三骓[1]、甘华。爰有遗玉、三青鸟、三骓、视肉、甘华、甘柤。百谷[2]所在。

注释

①骓：马的毛色青白间杂。②百谷：泛指各种农作物。

译文

在大荒当中，有一座山名叫猗天苏门山，是太阳和月亮初出升起的地方。有个国家叫壎民国。

有座綦山。又有座摇山。又有座䰝山。又有座门户山。又有座盛山。又有座待山。还有一群五彩鸟。

在东荒当中，有座山名叫壑明俊疾山，是太阳和月亮初出升起的地方。这里还有个中容国。

在东北海外，又有三青马、三骓马、甘华树。这里还有遗玉、三青鸟、三骓马、视肉怪兽、甘华树、甘柤树。是各种庄稼生长的地方。

阅读链接

《大荒东经》中记载日月所出之山共有六处，分别是：大言，合虚，明星，鞠陵于天、东极、离瞀，猗天苏门，壑明俊疾。

原文

有女和月母之国。有人名曰鳧（wǎn）——北方曰鳧，来之风曰狻（yǎn）——是处东极隅以止[1]日月，使无相间[2]出没，司其短长。

大荒东北隅中，有山名曰凶犁土丘。**应龙**处南极，杀**蚩尤**与夸父，不得复上，故下数[3]旱。旱而为应龙之状，乃得大雨。

「上古百科」
应龙：传说中的一种生有翅膀的龙。

注释

①止：这里是控制的意思。②间：这里是错乱、杂乱的意思。③数：屡次，频繁。

「上古百科」
蚩尤：神话传说中的东方九黎族首领，以金作兵器，能唤云呼雨。

译文

有个国家叫女和月母国。有一个神人名叫鳧，北方人称作鳧，从那里吹来的风称作狻，他就处在大地的东北角以便控制太阳和月亮，使其不要交相错乱地出没，掌握它们升起落下时间的长短。

在大荒的东北角上，有一座山名叫凶犁土丘山。应龙就住在这座山的最南端，因杀了神人蚩尤和神人夸父，不能再回到天上，天上因没了兴云布雨的应龙而使下界常常闹旱灾。下界的人们一遇天旱就装扮成应龙的样子求雨，就得到大雨。

阅读链接

“龙五百年为角龙，千年为应龙。”（《述异记》）传说，应龙是上古时期黄帝手下的将领，在涿鹿之战中，杀死蚩尤，立下战功。应龙还帮助大禹治水，以尾画地成江河使水入海。

「知识百科」

《述异记》：南朝梁代著名文学家任昉撰，2卷。内容多为异闻琐事，与张华的《博物志》近似，但故事性较差。

相关故事

远古的时候，有十个太阳同时出现在天空，强烈的阳光把土地烤焦了，庄稼都枯萎了，人们热得喘不过气来，倒在地上昏迷不醒。因为天气酷热的缘故，一些妖怪猛兽，也都从干涸的江湖和闷热的大森林里跑出来，残害人类。

人类的灾难惊动了天帝，天帝命令箭神后羿下凡到人间，救助人类脱离苦难。后羿带着天帝赐给他的一张红色的弓，一口袋白色的箭，还带着他美丽的妻子嫦娥一起来到人间。

到人间后，后羿先是劝说十个太阳每天轮流出来一个，这样既给大地温暖、给人类光明，又避免把大地烤得太热，但是太阳们并不听从后羿的劝说。被激怒的后羿开始了射日的战斗。他从肩上除下那红色的弓，取出白色的箭，向骄横的太阳们射去。不久，十个太阳便被射下九个，只剩下一个，人类又可以安居乐业了。

「专家解疑」

安居乐业：安定地生活，愉快地工作。

阅读思考

1. 这一章中记述了几座“日月所出”之山？
2. 帝俊是一个人吗？
3. 应龙是谁的部下？有什么事迹？

大荒南经

在这一章中，我们继续介绍南海以外、大荒山中的山川河流以及这些地方的各种人物、动植物、奇异有趣的神话故事等。舜的妻子是谁？天帝的不死药藏在哪里？巫载民为什么可以“不绩不经，服也；不稼不穑，食也”？有这么多不可思议的传说，还不赶快去看一看？

原文

南海之外，赤水之西，流沙之东，有兽，左右有首，名曰跊(chù)踢。有三青兽相并，名曰双双。

有阿山者。南海之中，有泛天之山，赤水穷焉。赤水之东，有苍梧之野，舜与**叔均**之所葬也。爰有文贝、离俞、鸱久、鹰、贾、委维、熊、罴、象、虎、豹、狼、视肉①。

「上古百科」
叔均：又叫商均，传说是帝舜的儿子。

注释

①文贝：即上文所说的紫贝，在紫颜色的贝壳上点缀有黑点。离俞：即上文所说的离朱鸟。贾：据古人说是乌鸦之类的禽鸟。委维：即上文所说的委蛇。

译文

在南海以外，赤水的西岸，流沙的东面，生活着一种野兽，左边右边都有一个头，名称是跊踢。还有三只青色的野兽交相合并着，名称是双双。

有座山叫阿山。南海的当中，有一座泛天山，赤水最终流到这座山。在赤水的东岸，有个地方叫苍梧野，帝舜与叔均葬在那里。这里有花斑贝、离朱鸟、鹞鹰、老鹰、乌鸦、两头蛇、熊、罴、大象、老虎、豹子、狼、视肉怪兽。

阅读链接

帝舜南巡到苍梧而死去，就葬在这里，商均因此留下，死后也葬在那里。上文说与帝舜一起葬于苍梧之野的是帝丹朱（《海内南经》），和这里的说法不同，属神话传说分歧。

原文

有荣山，荣水出焉。黑水之南，有玄蛇，食麈。

有巫山者，西有黄鸟[1]。帝药[2]，八斋[3]。黄鸟于巫山，司此玄蛇。

大荒之中，有不庭之山，荣水穷焉。有人三身。帝俊[4]妻娥皇，生此三身之国。姚姓，黍食，使四鸟。有渊四方，四隅皆达，北属[5]黑水，南属大荒。北旁名曰少和之渊，南旁名曰从（zòng）渊，舜之所浴也。

「上古百科」

麈（zhǔ）：一种体型较大的鹿。它的尾巴能用来拂扫尘土。

注释

①黄鸟：黄，通“皇”。黄鸟即皇鸟，而“皇鸟”亦作“凰鸟”，是属于凤凰一类的鸟，与上文所说的黄鸟不一样，属同名异物。②药：指神仙药，即长生不老药。③斋：屋舍。④帝俊：这里指虞舜，即帝舜。⑤属（zhǔ）：连接。

译文

有一座荣山，荣水就从这座山发源的。在黑水的南岸，有一条大黑蛇，正在吞食麈鹿。

有一座山叫巫山，在巫山的西面有只黄鸟。天帝的神仙药，就藏在巫山的八个斋舍中。黄鸟在巫山上，监视着那条大黑蛇。

「专家解疑」
监视：从旁严密注视、观察。

在大荒当中，有座不庭山，荣水最终流到这座山。这里有一种人长着三个身子。帝俊的妻子叫娥皇，这三身国的人就是他们的后代子孙。三身国的人姓姚，吃黄米饭，能驯化驱使四种野兽。这里有一个四方形的渊潭，四个角都能旁通，北边与黑水相连，南边和大荒相通。北侧的渊称作少和渊，南侧的渊称作从渊，是帝舜洗澡的地方。

阅读链接

娥皇和女英都是尧帝的女儿，尧帝不仅把首领的位置禅让给了舜，还把这两个女儿嫁给了舜。舜的父母、弟弟对他很不好，几次想害他，多亏娥皇、女英的帮助而免予一死。二女虽出身皇家，却并不骄纵，反而是非常贤淑："二女承事舜于畎亩之中，不以天子之女故而骄盈怠嫚，犹谦谦恭俭，思尽妇道。"（《列女传》）

「知识百科」
《列女传》：共七卷，记叙了一百零五名妇女的故事，是一部介绍中国古代汉族妇女事迹的传记性史书。

原文

有襄山。又有重阴之山。有人食兽，曰季厘。帝俊[1]生季厘，故曰季厘之国。有缗（mín）渊。少昊生倍伐，倍伐降[2]处缗渊。有水四方，名曰俊坛[3]。

有臷（zhì）民之国。帝舜生无淫，降臷处，是谓巫臷民。巫臷民朌（fén）姓，食谷，不绩不经[4]，服也；不稼不穑[5]，食也。爰有歌舞之鸟，鸾鸟自歌，凤鸟自舞。爰有百兽，相群爰处。百谷所聚。

注释

①帝俊：这里指帝喾。②降：贬抑。③俊坛：据古人解说，水池的形状像一座土坛，所以叫俊坛。俊坛就是帝俊的水池。④绩：捻搓麻线。这里泛指纺线。经：经线，即丝、棉、麻、毛等织物的纵线，与纬线即各种织物的横线相交叉，就可织成丝帛、麻布等布匹。这里泛指织布。⑤稼：播种庄稼。穑（sè）：收获庄稼。

译文

有座襄山。又有座重阴山。有人在吞食野兽肉，名叫季厘。帝俊生了季厘，所以称作季厘国。有一个缗渊。少昊生了倍伐，倍伐被贬住在缗渊。有一个水池是四方形的，名叫俊坛。

有个国家叫𢧀民国。帝舜生了无淫，无淫被贬在𢧀这个地方居住，他的子孙后代就是所谓的巫𢧀民。巫𢧀民姓朌，吃五谷粮食，不从事纺织，自然有衣服穿；不从事耕种，自然有粮食吃。这里有能歌善舞的鸟，鸾鸟自由自在地歌唱，凤鸟自由自在地舞蹈。这里又有各种各样的野兽，群居相处。还是各种农作物汇聚的地方。

阅读链接

巫𢧀民为什么会有“不绩不经，服也；不稼不穑，食也”这种安逸的生活呢？原来是因为他们居住的地方盛产食盐和丹砂，并以此来交换生活所需。南宋王象之《舆地纪胜》云：“宝山咸泉，其地初出袁氏。一日出猎，见白鹿往来于上下，猎者逐之，鹿入洞不复见。因酌泉知味。意白鹿者，山灵发祥以示人也。”

「知识百科」

《舆地纪胜》：王象之编纂，是南宋中期的一部地理总志，共二百卷。内容详赡分明，体例谨严，考证极其核洽，对后世影响较大。

原文

有蜮山者，有蜮民之国，桑姓，食黍，射蜮是食。有人方扜[①]弓射黄蛇，名曰蜮人[②]。

「上古百科」

蜮：据古人说是一种叫短狐的动物，像鳖的样子，能含沙射人，被射中的就要病死。

「上古百科」
枫木：古人说是枫香树，叶子像白杨树叶，圆叶而分杈，有油脂而芳香。

有宋山者，有赤蛇，名曰育蛇。有木生山上，名曰枫木。枫木，蚩尤所弃其桎梏，是为枫木。

有人方齿虎尾，名曰祖状之尸。

有小人，名曰焦侥之国，幾（jī）姓，嘉谷是食。

注释

①扜（yū）：拉，张。②蜮人：就是蜮民。

译文

有座山叫作蜮山，在这里有个蜮民国，这里的人姓桑，吃黄米饭，也把射死的蜮吃掉。有人正在拉弓射黄蛇，名叫蜮人。

有座山叫作宋山，山中有一种红颜色的蛇，名叫育蛇。山上还有一种树，名叫枫木。枫木，原来是蚩尤死后所丢弃的手铐脚镣，这些刑具就化成了枫木。

「专家解疑」
脚镣（liào）：套在脚腕子上，束缚人两脚的戒具。

有个神人正咬着老虎的尾巴，名叫祖状尸。

有一个由三尺高的小人组成的国家，名叫焦侥国，那里的人姓幾，吃的是优良谷米。

阅读链接

神话传说蚩尤被黄帝捉住后给他的手脚系上刑具，后又杀了蚩尤而刑具丢弃，刑具就化成了枫香树。这与上文所说“应龙处南极，杀蚩尤与夸父”（《大荒东经》）有所不同，属神话传说分歧。

原文

大荒之中，有山名朽（xiǔ）涂之山，青水穷焉。有云雨之山，有木名曰栾。禹攻[1]云雨，有赤石焉生栾，黄本，赤枝，青叶，群帝焉取药[②]。

有小人，名曰菌人。

有南类之山。爰有遗玉、青马、三骓、视肉、甘华，百谷所在。

「上古百科」

菌人：据古书记载，人们服食长生不老药之前要先吃菌人，如此方可有用。

注释

①攻：从事某项事情。这里指砍伐林木。②取药：传说栾树的花与果实都可以制作长生不死的仙药。取药就是指采摘可制药的花果。

译文

在大荒当中，有座山名叫死涂山，青水最终流到这座山。还有座云雨山，山上有一棵树叫作栾。大禹在云雨山砍伐树木，发现红色岩石上忽然生出这棵栾树，黄色的茎干，红色的枝条，青色的叶子，诸帝就到这里来采药。

有种个头极小的小矮人，人们称作菌人。

有座南类山，那座山上有遗玉、青马、三骓马、视肉怪兽、甘华树，是百谷繁茂生长的地方。

阅读链接

菌人高不过一寸左右，穿红衣戴圆帽，乘着白色的马车。人们遇到小人的车，抓住他们便咬吃下去，味道辛苦，吃后可以常年不被小虫子咬，并能识别各种动植物的名字。吃这种小人，还能杀死肚里的三种虫子，三种虫子死后，人才可以吃仙药。

相关故事

「知识百科」

湘江：水名，发源于广西，流至湖南入洞庭湖。

相传尧舜时代，湖南九嶷山上有九条恶龙，住在九座岩洞里，经常到湘江来戏水玩乐，以致洪水暴涨，庄稼被冲毁，房屋被冲塌，老

「专家解疑」

怨声载道：怨恨的声音充满道路，形容民众普遍不满。

跋山涉水：翻越山岭，蹚水过河，形容旅途艰苦。

百姓叫苦不迭，怨声载道。舜帝关心百姓的疾苦，他得知恶龙祸害百姓的消息，于是去南方帮助百姓除害解难，惩治恶龙。

舜帝走了，娥皇和女英在家等待着他征服恶龙、凯旋的喜讯，可是过了好多年依旧没有消息。她们二人思前想后，决定到南方湘江去寻找丈夫。

经过跋山涉水，她们来到了一个名叫三峰石的地方，这儿，耸立着三块大石头，翠竹围绕，有一座珍珠贝垒成的高大的坟墓。当地的老百姓告诉她们：“这是舜帝的坟墓，他帮助我们斩除了九条恶龙，他却受苦受累病死在这里了。”

娥皇和女英得知实情后，难过极了，二人抱头痛哭起来。她们悲痛万分，一直哭了九天九夜。她们把眼睛哭肿了，嗓子哭哑了，眼泪流干了，最后，哭出血泪来，也死在了舜帝的旁边。

娥皇和女英的眼泪，洒在了九嶷山的竹子山，竹竿上便呈现出点点泪斑，有紫色的，有雪白的，还有血红血红的，这便是“湘妃竹”。竹子上有的像印有指纹，传说是二妃用竹子抹眼泪印上的；有的竹子上有鲜红鲜红的血斑，便是两位妃子眼中流出来的血泪染成的。

阅读思考

1. 三身国的人是谁的子孙？
2. 天帝的不死药藏在哪里？谁在守卫？
3. 巫载民为什么可以“不绩不经，服也；不稼不穑，食也”？

大荒西经

这一章中，我们将介绍在西北海以外、大荒之中的区域，及在此区域古代先民所发生的事情、传说。我们都知道女娲是“大地之母”，那么，除了能捏土造人和炼石补天外，她还有什么神奇的本领呢？下面，就让我们一起走进大荒西经，去一睹女娲及各神人的风采吧！

原文

西北海之外，大荒之隅，有山而不合，名曰不周负子，有两黄兽守之。有水曰寒暑之水。水西有湿山，水东有幕山。有禹攻共工国山。

有国名曰淑士，颛顼之子。

有神十人，名曰女娲之肠[1]，化为神，处栗广之野，横道而处。

「上古百科」

女娲：中国上古神话中的女神，人首蛇身，神通广大。她开世造物，被称为“大地之母”。

注释

①神话传说女娲一天内有七十次变化，她的肠子就化成这十位神人。

译文

在西北海以外，大荒的一个角落，有座山断裂而合不拢，名叫不周负子山，有两头黄色的野兽守护着它。有一条水流名叫寒暑水。寒暑水的西面有座湿山，寒暑水的东面有座幕山。还有一座禹攻共工国山。

有个国家名叫淑士国，这里的人是帝颛顼的子孙后代。

有十个神人，名叫女娲肠，就是女娲的肠子变化而成神的；在称作栗广的原野上，他们拦断道路而居住。

阅读链接

关于女娲的传说我们非常熟悉，如女娲补天、女娲造人，等等。而这些传说已不仅仅只是神话传说了，它已经成为一种文化，具有深远的历史意义。除了《山海经》对其有记载之外，《楚辞》《淮南子》《风俗通义》《史记》等众多史料都有对于女娲的记载，可见女娲文化的重要地位。

「知识百科」

《风俗通义》：又名《风俗通》，东汉泰山太守应劭著。原书三十卷、附录一卷，今仅存十卷，内容以考证历代名物制度、风俗、传闻为主。

原文

有人名曰石夷，来风曰韦，处西北隅以司日月之长短。

有五采之鸟，有冠，名曰狂鸟。

有大泽之长山。有白氏之国。

西北海之外，赤水之东，有长胫之国。

有西周之国，姬姓，食谷。有人方耕，名曰叔均。帝俊①生后稷，稷降以百谷。稷之弟曰台玺，生叔均。叔均是代其父及稷播百谷，始作耕。有赤国妻氏。有双山。

「上古百科」

台玺：上古帝王帝喾的第五子、周部族首领。

注释

①帝俊：这里指帝喾，名叫俊。传说他的第二个妃子生了后稷。

译文

有位神人名叫石夷（西方人单称他为夷），从北方吹来的风称作韦，他处在大地的西北角掌管太阳和月亮升起落下时间的长短。

有一种长着五彩羽毛的鸟，头上有冠，名叫狂鸟。

有一座大泽长山。有一个白氏国。

在西北海以外，赤水的东岸，有个长胫国。

有个西周国，这里的人姓姬，吃谷米。有个人正在耕田，名叫叔均。帝俊生了后稷，后稷把各种谷物的种子从天上带到下界。后稷的弟弟叫台玺，台玺生了叔均。叔均于是代替父亲和后稷播种各种谷物，开始创造耕田的方法。有个赤国妻氏。有座双山。

阅读链接

后稷因疼爱他的弟弟台玺而把王位传给了他，台玺又传位给叔均，他们就是周朝王室的先祖。至于上文中的舜之子叔均，又叫商均，与此处的叔均不是同一人，或者为神话传说分歧。

原文

西海之外，大荒之中，有方山者，上有青树，名曰柜格之松，日月所出入也。

西北海之外，赤水之西，有天民之国，食谷，使四鸟。

有北狄之国。黄帝之孙曰始均，始均生北狄。

有芒山。有桂山。有榣山。其上有人，号曰太子长琴。颛顼生老童[①]，老童生祝融，祝融生太子长琴，是处榣山，始作乐风。

「上古百科」

太子长琴：火神祝融的儿子，抱琴而生，又为乐神。

注释

①老童：即上文所说的神人耆童。传说帝颛顼娶于滕氏，滕氏奔之子谓之女禄，生下老童。

译文

在西海以外，大荒的当中，有座山叫方山，山上有棵青色大树，名叫柜格松，是太阳和月亮出入的地方。

在西北海以外，赤水的西岸，有个天民国，这里的人吃谷米，能驯化驱使四种野兽。

有个北狄国。黄帝的孙子叫始均，始均的后代子孙，就是北狄国人。

有座芒山。有座桂山。有座榣山，山上有一个人，号称太子长琴。颛顼生了老童，老童生了祝融，祝融生了太子长琴，于是太子长琴住在榣山上，开始创作音乐而风行世间。

「专家解疑」

风行：普遍流行；盛行。

阅读链接

关于太子长琴这位乐神，你可不能小瞧了他。传说，他是抱着一把小琴出生的，因他的出生而“天地欢歌”。史载，他的琴共有五十根弦，这把琴就是他的武器。弹奏时，随琴弦数量的增加而威力递增，五十弦齐奏，可使万物凋零。

原文

有五采鸟三名：一曰皇鸟，一曰鸾鸟，一曰凤鸟。

有虫①状如菟，胸以后者裸不见，青如猿状②。

大荒之中，有山名曰丰沮玉门，日月所入。

有灵山，巫咸、巫即、巫肦（fén）、巫彭、巫姑、巫真、巫礼、巫抵、巫谢、巫罗十巫，从此升降，百药爰在。

注释

①虫：古人把人及鸟兽等动物通称为虫，如鸟类称为羽虫，兽类称为毛虫，龟类称为甲虫，鱼类称鳞虫，人类称为裸虫。这里指野兽。②状：这里不是指具体形状，而是指颜色的深浅达到某程度的样子。

译文

有三种长着彩色羽毛的鸟：一种叫凰鸟，一种叫鸾鸟，一种叫凤鸟。

有一种野兽的形状与普通的兔子相似，胸脯以后部分全露着而又分不出来，这是因为它的皮毛青得像猿猴而把裸露的部分遮住了。

在大荒的当中，有座山名叫丰沮玉门山，是太阳和月亮降落的地方。

有座灵山，巫咸、巫即、巫朌、巫彭、巫姑、巫真、巫礼、巫抵、巫谢、巫罗十个巫师，从这座山升到天上和下到世间，各种各样的药物就生长在这里。

「知识百科」巴渝文化：起源于巴文化，是巴族和巴国在历史的发展中所形成的地域性文化，也是长江上游地区最富有鲜明个性的民族文化之一。

阅读链接

巫文化是巴渝文化中最古老的文化，而灵山十巫则是巫文化中最古老的神话传说。在前文中曾介绍以巫彭为首的“六巫”（《海内西经》），袁珂先生解释：“十巫中有巫彭即此巫彭也，余巫礼，郝懿行以为即巫履（礼之义履也），巫朌即巫凡（朌与凡音近），巫谢即巫相（谢与相声转），十巫与此六巫名皆相近。”

「知识百科」郝懿行：字恂九，号兰皋，山东栖霞人，清代著名的经学家、训诂学家，著有《山海经笺疏》。

原文

有轩辕之国。江山之南栖为吉，不寿者乃八百岁。

西海陼[①]中，有神人面鸟身，珥两青蛇，践两赤蛇，名曰弇兹。

大荒之中，有山名日月山，天枢也。吴姖天门，日月所入。有神，人面无臂，两足反属于头上，名曰嘘。颛顼生老童，老童生重及黎，帝令重献②上天，令黎印下地③，下地是生噎，处于西极，以行日月星辰之行次。

「上古百科」
重：神话传说中掌管天上事物的官员南正。

「上古百科」
黎：神话传说中管理地下人类的官员火正。

注释

①陼：同“渚”。水中的小块陆地。②献：用手捧着东西给人。这里是举起的意思。③印：痕迹着于其他物件上。如在信件上加盖印章就要把印章朝下按压。所以，印可通“抑”，即抑压，按下之意。

译文

有个轩辕国。这里的人把居住在江河山岭的南边当作吉利，就是寿命不长的人也活到了八百岁。

在西海的岛屿上，有一个神人，长着人的面孔鸟的身子，耳朵上穿挂着两条青色蛇，脚底下踩踏着两条红色蛇，名叫弇兹。

大荒当中，有座山名叫日月山，是天的枢纽。这座山的主峰叫吴姖天门山，是太阳和月亮降落的地方。有一个神人，形状像人而没有臂膀，两只脚反转着连在头上，名叫嘘。帝颛顼生了老童，老童生了重和黎，帝颛顼命令重托着天用力往上举，又命令黎撑着地使劲朝下按。于是黎来到地下并生了噎，他就处在大地的最西端，主管着太阳、月亮和星辰运行的先后次序。

「专家解疑」
枢纽：事物的重要关键；事物相互联系的中心环节。

阅读链接

对于轩辕国，《博物志》也有相关记载，与《山海经》基本一致："轩辕国，在穷山之际，其不寿者八百岁。诸天之野，和鸾鸟舞。民食凤卵，饮甘露。"

原文

有女子方浴月。帝俊妻**常羲**，生月十有二，此始浴之。

有玄丹之山。有五色之鸟，人面有发。爰有青鸾（wén）、黄鷔（áo），青鸟、黄鸟，其所集者其国亡。

有池，名孟翼之攻颛顼之池。

大荒之中，有山名曰鏖（áo）鏊（áo）钜，日月所入者。

有兽，左右有首，名曰屏蓬。

有巫山者。有壑山者。有金门之山，有人名曰黄姖之尸。有比翼之鸟。有白鸟，青翼，黄尾，玄喙。有赤犬，名曰天犬，其所下者有兵。

西海之南，流沙之滨，赤水之后，黑水之前，有大山，名曰昆仑之丘。有神人面虎身，有文有尾，皆白[1]处之。其下有弱水[2]之渊环之，其外有炎火之山，投物辄然[3]。有人，戴胜[4]，虎齿，有豹尾，穴处，名曰西王母。此山万物尽有。

「上古百科」

常羲：神话中的月御（为月亮驾车的神），与日御（羲和）同为帝俊之妻。她生了十二个月亮，为一年十二个月。

注释

①白：指尾巴上点缀着白色斑点。②弱水：相传这种水轻得不能漂浮起鸿雁的羽毛。③辄：即，就。然："燃"的本字。燃烧。④胜：古时妇女的首饰。

译文

有个女子正在替月亮洗澡。帝俊的妻子常羲，生了十二个月亮，这才开始给月亮洗澡。

有座玄丹山。在玄丹山上有一种长着五彩羽毛的鸟，一副人的面孔而且有头发。这里还有青鸾、黄鹜，这种青色的鸟、黄色的鸟，它们在哪个国家聚集栖息那个国家就会灭亡。

有个水池，名叫孟翼攻颛顼池。

大荒当中，有座山名叫鏖鳌钜山，是太阳和月亮降落的地方。

有一种野兽，左边和右边各长着一个头，名叫屏蓬。

有座叫作巫山的山。又有座叫作壑山的山。还有座金门山，山上有个人名叫黄姖尸。有比翼鸟。有一种白鸟，长着青色的翅膀，黄色的尾巴，黑色的嘴壳。有一种红颜色的狗，名叫天犬，它所降临的地方都会发生战争。

在西海的南面，流沙的边沿，赤水的后面，黑水的前面，屹立着一座大山，就是昆仑山。有一个神人，长着人的面孔、老虎的身子，尾巴有花纹，而尾巴上尽是白色斑点，住在这座昆仑山上。昆仑山下有条弱水汇聚的深渊环绕着它，深渊的外边有座炎火山，一投进东西就燃烧起来。有人头上戴着玉质首饰，满口的老虎牙齿，有一条豹子似的尾巴，在洞穴中居住，名叫西王母。这座山拥有世上的各种东西。

「知识百科」

坐标：能够确定一个点在空间的位置的一个或一组数，叫作这个点的坐标。通常由这个点到垂直相交的若干条固定的直线的距离来表示。这些直线叫作坐标轴。坐标轴的数目在平面上为2，在空间里为3。

阅读链接

巫山在古代文学中是非常常见的地理坐标，而巫山神女更是广为人知的神话。传说，巫山神女本名瑶姬，是炎帝的女儿，也有说是王母娘娘之女。她消灭了十二恶龙，帮助大禹治水，最后化作神女峰守护大地。她“旦为朝云、暮为行雨”，非常貌美。唐元稹有诗云“曾经沧海难为水，除却巫山不是云”，广为传诵。

相关故事

女娲，是古代神女而称帝的，人面蛇身，一天之中有七十种变化，其腹化为各种神。天地开辟之初，天下并没有人，女娲便抟黄土来做人，但这样一个个地做起来太繁忙，于是女娲便在泥中放了一条绳子，用力抽打做成很多的人。所以富贵的人，便是女娲开始抟的黄土人；贫贱平庸的，便是女娲用绳抽打出的人。

最早宇宙初开的时候，只有伏羲与女娲兄妹二人住在昆仑山上，而天下还没有人。兄妹二人商议欲结为夫妻，但又自觉羞耻。伏羲便与他妹妹女娲登上昆仑山顶，赌咒说："苍天如果让我兄妹二人结为夫妻，那么山下的烟云便合在一起；如果不让，那烟云便散开。"一会儿，那烟云果然合在一处了，女娲便与其兄结婚，并用草编结成一把扇子，以遮住她自己的脸。

「专家解疑」
赌咒：对某事做出承诺，并发誓如果不能做到甘愿遭受报应。

阅读思考

1. 女娲有什么神奇之处？
2. 谁把各种谷物的种子从天上带到下界？
3. 灵山十巫分别是哪十巫？

大荒北经

在这一章中，我们将介绍在东北海以外，大荒当中的区域，以及在此区域上生活的人物和发生的神话故事。在这一章中我们还将描述一场非常出名的战役——黄帝大战蚩尤。在这场战役中谁的出现使战争的形势发生了逆转？他（她）有什么本领？一起去看看吧。

原文

东北海之外，大荒之中，河水之间，附禺之山[1]，帝颛顼与九嫔葬焉。爰有鸱久、文贝、离俞、鸾鸟、皇鸟、大物、小物[2]。有青鸟、**琅鸟**、**玄鸟**、黄鸟、虎、豹、熊、罴、黄蛇、视肉、璿[3]瑰、瑶碧，皆出卫于山。丘方员三百里，丘南帝俊竹林在焉，大可为舟。竹南有赤泽水，名曰封[4]渊。有三桑无枝。丘西有沈[5]渊，颛顼所浴。

有胡不与之国，烈姓，黍食。

大荒之中，有山，名曰不咸。有肃慎氏之国。有蜚蛭[6]，四翼。有虫[7]，兽首蛇身，名曰琴虫。

「上古百科」
琅鸟：白鸟。琅：洁白。

「上古百科」
玄鸟：燕子的别称。因它的羽毛黑色，所以称为玄鸟。玄：黑色。

注释

①附禺之山：上文所说的务禺山、鲋鱼山与此同为一山。附、务、鲋，皆古字通用。②大物、小物：指殉葬的大小用具物品。③璿（xuán）：美玉。

④封：大。⑤沈：深。⑥蜚（fēi）：通“飞”。蛭（zhì）：环节动物，有好几种，如水蛭、鱼蛭、山蛭等。⑦虫：这里指蛇。

译文

在东北海以外，大荒的当中，黄河水流经的地方，有座附禺山，帝颛顼与他的九个妃嫔葬在这座山。这里有鸱鹰、花斑贝、离朱鸟、鸾鸟、凤鸟、大物、小物。还有青鸟、琅鸟、燕子、黄鸟、老虎、豹子、熊、罴、黄蛇、视肉怪兽、璿玉瑰石、瑶玉碧玉，都出产于这座山。丘方圆三百里，丘的南面有帝俊的竹林，竹子大得可以做成船。竹林的南面有红色的湖水，名叫封渊。有三棵不生长枝条的桑树。丘的西面有个沈渊，是帝颛顼洗澡的地方。

有个胡不与国，这里的人姓烈，吃黄米。

大荒当中，有座山名叫不咸山。有个肃慎氏国。有一种能飞的蛭，长着四只翅膀。有一种蛇，是野兽的脑袋蛇的身子，名叫琴虫。

「专家解疑」

妃嫔：妃和嫔，泛指皇帝的妾。

臣服：①屈服称臣，接受统治。②以臣子的礼节侍奉（君主）。

阅读链接

肃慎是古代东北民族，现代满族的祖先，大体分布在我国黑龙江、乌苏里江流域和长白山一带。传说舜、禹时代即有“肃慎来服”的记载，周武王时，肃慎以“楛矢石砮”入贡，臣服于周。总之，肃慎人很早就在政治、经济和文化方面与中原地区频繁交往和联系。

原文

有儋（dān）耳之国，任姓，禺号子，食谷。北海之渚中，有神，人面鸟身，珥两青蛇，践两赤蛇，名曰禺强。

「上古百科」

禺强：即上文所说禺、禺京。既是风神，又是海神。

大荒之中，有山名曰北极天柜，海水北注焉。有神，九首人面鸟身，名曰九凤。又有神衔蛇操蛇，其状虎首人身，四蹄长肘，名曰强良。

「上古百科」

强良：古代汉族神话传说中虎首人身的神。另外，据考古研究发现，强良可能就是神农部落北上大军的领军人物。

大荒之中，有山名曰成都载天。有人珥两黄蛇，把两黄蛇，名曰夸父。后土生信，信生夸父。夸父不量力，欲追日景[1]，逮[2]之于禺谷。将饮河而不足也，将走大泽，未至，死于此。应龙已杀蚩尤，又杀夸父[3]，乃去南方处之，故南方多雨。

注释

①景："影"的本字。②逮：到，及。③又杀夸父：先说夸父因追太阳而死，后又说夸父被应龙杀死，这是神话传说中的分歧。

译文

有个儋耳国，这里的人姓任，是神人禺号的子孙后代，吃谷米。在北海的岛屿上，有一个神人，长着人的面孔鸟的身子，耳朵上穿挂着两条青色蛇，脚底下踩踏着两条红色蛇，名叫禺强。

大荒当中，有座山名叫北极天柜山，海水从北面灌注到这里。有一个神人，长着九个脑袋和人的面孔鸟的身子，名叫九凤。又有一个神人，嘴里衔着蛇手中握着蛇，他的形貌是老虎的脑袋人的身子，有四只蹄子和长长的臂肘，名叫强良。

大荒当中，有座山名叫成都载天山。有一个人耳上穿挂着两条黄色蛇，手上握着两条黄色蛇，名叫夸父。后土生了信，信生了夸父。而夸父不衡量自己的体力，想要追赶太阳的光影，直追到禺谷。夸父想喝了黄河水解渴，却不够喝，准备跑到北方去喝大泽的水，还未到，便渴死在这里了。应龙在杀了蚩尤以后，又杀了夸父，因他的神力耗尽上不了天就去南方居住，所以南方的雨水很多。

「专家解疑」

衡量：①比较；评定。②考虑；斟酌。

「知识百科」
《离骚》：屈原的政治生涯传记诗，表现了诗人坚持“美政”理想、对楚王朝至死不渝的忠诚等。是中国古代汉族诗歌史上最长的一首政治抒情诗。

「上古百科」
雨师：神话传说中掌管雨水的神。

「上古百科」
田祖：主管田地之神。

阅读链接

本段文字中描述的“九凤”即为后来我们所熟知的九头鸟的最早形象。九头鸟是战国时代楚国先祖所崇拜的神鸟。自称是“帝高阳之苗裔”的楚人屈原在《离骚》中云：“吾令凤鸟飞腾兮，继之以日夜；飘风屯其相离兮，帅云霓而来御。”可见楚人对凤图腾的崇拜。

原文

大荒之中，有山名曰不句，海水北入焉。

有系昆之山者，有共工之台，射者不敢北乡①。有人衣青衣②，名曰黄帝女魃。蚩尤作兵伐黄帝③，黄帝乃令应龙攻之冀州之野。应龙畜水，蚩尤请风伯雨师，纵大风雨。黄帝乃下天女曰魃，雨止，遂杀蚩尤。魃不得复上，所居不雨。叔均言之帝，后置之赤水之北。叔均乃为田祖。魃时亡之。所欲逐之者，令曰：“神北行④！”先除水道，决通沟渎⑤。

有人方食鱼，名曰深目民之国，盼（fēn）姓，食鱼。

有钟山者。有女子衣青衣，名曰赤水女子献⑥。

注释

①乡（xiàng）：通“向”。方向。②衣：穿。这里是动词。③兵：这里指兵器、武器。④北行：指回到赤水之北。⑤渎（dú）：小沟渠。⑥赤水女子魃：据说她就是女魃。

译文

大荒当中，有座山名叫不句山，海水从北面灌注到这里。

有座山叫系昆山，上面有共工台，射箭的人因敬畏共工而不敢朝北方拉弓射箭。有一个人穿着青色衣服，名叫黄帝女魃。蚩尤制造了多种兵器用来攻击黄帝，黄帝便派应龙到冀州的原野去攻打蚩尤。应龙积蓄了很多水，而蚩尤请来风伯和雨师，纵起一场大风雨。黄帝就降下名叫魃的天女助战，雨被止住，于是杀死蚩尤。女魃因神力耗尽而不能再回到天上，她居住的地方没有一点雨水。叔均将此事禀报给黄帝，后来黄帝就把女魃安置在赤水的北面。叔均便做了田神。女魃常常逃亡而出现旱情，要想驱逐她，便祷告说："神啊，请向北去吧！"事先清除水道，疏通大小沟渠。

有一群人正在吃鱼，名叫深目民国，这里的人姓盼，吃鱼类。

有座钟山。有一个穿青色衣服的女子，名叫赤水女子献。

「专家解疑」

禀（bǐng）报：向上级或长辈报告。

阅读链接

这段文字中我们认识了一位青衣旱神女子献，也即女魃，亦称女妭。她帮助黄帝战胜蚩尤，而且她还是一位美丽的女子：赤水女子，复姓淳于，长居赤水畔。着青衣，以素纱蒙面。不知其所来，不知其所归。或见其真容，惊为天人。暮则立于水畔，若有所思，人至而不觉。寒暑易，青丝白发，唯女子容颜不改。人或呼之"神女"。

原文

西北海外，黑水之北，有人有翼，名曰苗民。颛顼生驩（huān）头，驩头生苗民，苗民釐（xī）姓，食肉。有山名曰章山。

大荒之中，有衡石山、九阴山、泂野之山，上有赤树，青叶，赤华，名曰若木。

有牛黎之国。有人无骨，儋耳之子。

西北海之外，赤水之北，有章尾山。有神，人面蛇身而赤，直目正乘①，其瞑乃晦，其视乃明，不食，不寝，不息，风雨是谒②。是烛九阴③，是谓烛龙。

「上古百科」

若木：汉族神话中的树，即上文提到的榑木、扶桑。由于桑树被认为具有再生的生命力，因此得名若木。

注释

①乘：据学者研究，“乘”可能是“朕”字的假借音。朕：缝隙。②谒：据学者研究，“谒”是“噎”的假借音。噎：吃饭太快而食物堵塞咽喉。这里是吞食、吞咽的意思。③九阴：阴暗之地。

译文

在西北方的海外，黑水的北岸，有一种人长着翅膀，名叫苗民。颛顼生了驩头，驩头生了苗民，苗民人姓釐，吃的是肉类食物。还有一座山名叫章山。

大荒当中，有衡石山，九阴山、洞野山，山上有一种红颜色的树木，青色的叶子红色的花朵，名叫若木。

有个牛黎国。这里的人身上没有骨头，是儋耳国人的子孙后代。

在西北方的海外，赤水的北岸，有座章尾山。有一个神人，长着人的面孔蛇的身子而全身是红色，竖立生长的眼睛正中合成一条缝，他闭上眼睛就是黑夜、睁开眼睛就是白昼，不吃饭不睡觉不呼吸，只以风雨为食物。他能照耀阴暗的地方，所以称作烛龙。

阅读链接

烛九阴即为上文所说的钟山山神烛龙。烛龙人面蛇身，口中衔“火精”，住在北方极寒之地，是中国上古创世神之一。他的本领很强，一呼吸就成为长风万里；它的神力又能烛照九泉之下，所以又被称作烛阴。郭璞注《大荒北经》烛龙引《诗含神雾》云：“天不足西北，无有阴阳消息，故有龙衔火精以照天门中。”

「专家解疑」

九泉：指人死后埋葬的地方，也借指阴间。

相关故事

旱神女魃是中央天帝黄帝的女儿。她喜欢穿一件青色的衣服，她的头上光光的，没有一根头发。她原来住在系昆山的共工之台上，系昆山位于大荒山的北野，是一个非常偏僻的地方，她在那儿过着无忧无虑的生活。后来她的父亲黄帝与蚩尤之间发生了一场大规模的战争，黄帝和蚩尤双方的战将各展法术，各尽所能，打得不可开交。

黄帝便派应龙应战，应龙积蓄了很多水，而蚩尤的风伯和雨师大展神威，刮起了狂风，下起了暴雨。蚩尤的军队乘机大举进攻，杀死了很多黄帝的士兵。无奈之下，黄帝派女魃应战。

女魃到来后，战场上的局面立刻发生了改观。女魃张开双臂，大口地喘着气，只见狂风立刻停止了，雨水都变成了蒸汽，纷纷飘走了。风伯和雨师见女魃的威力如此强大，只好落荒而逃。黄帝立即命令军队冲杀过去，蚩尤的军队仓促应战，不敌黄帝，战败。其中，女魃在战争中发挥了不可替代的重要作用。

「专家解疑」

不可开交：无法摆脱或结束（只做“得”后面的补语）。

改观：改变原来的样子，出现新的面目。

阅读思考

1. 肃慎氏国是我国现在哪个民族的祖先？
2. “九头鸟”的最早形象是什么？
3. 女魃是谁的女儿？她是什么神？

海内经

在大荒经中我们介绍了东海以外的区域，在这一章中，我们将介绍东海之内各区域的人物、传说。前面我们知道，伏羲去天庭去看望母亲是通过攀登建木而上的，那么，这个建木究竟有什么神奇之处，居然可以通往天庭？它是谁栽培的？位于什么地方？不要着急，让我们从东海之内、北海之隅慢慢看起吧。

原文

东海之内，北海之隅，有国名曰朝鲜、天毒，其人水居，偎[1]人爱人。

西海之内，流沙之中，有国名曰壑市。

西海之内，流沙之西，有国名曰泛叶。

注释

①偎：怜悯。

译文

在东海以内，北海的一个角落，有个国家名叫朝鲜，还有一个国家叫天毒，天毒国的人傍水而居，怜悯人慈爱人。

在西海以内，流沙的中央，有个国家名叫壑市国。

在西海以内，流沙的西边，有个国家名叫泛叶国。

阅读链接

朝鲜：就是现在朝鲜半岛上的朝鲜和韩国。

天毒：据古人解说，即天竺国，有文字，有商业，佛教起源于此国。而天竺国就是现在的印度。但印度在南，朝鲜在北，一南一北，相距很远，记在一处，不合情理，则文字上似有讹误或脱遗。

原文

流沙之东，黑水之西，有朝（zhāo）云之国、司彘之国。黄帝妻雷祖[1]生**昌意**，昌意降处若水，生韩流。韩流擢首、谨耳、人面、豕喙、麟身、渠股、豚止[2]，取[3]淖子曰阿女，生帝颛顼。

流沙之东，黑水之间，有山名不死之山。

华山青水之东，有山名曰肇山。有人名曰柏高，柏高上下于此，至于天。

西南黑水之间，有都广之野，后稷葬焉。爰有膏菽、膏稻、膏黍、膏稷[4]，百谷自生，冬夏播琴[5]。鸾鸟自歌，凤鸟自儛，灵寿实华，草木所聚。爰有百兽，相群爰处。此草也，冬夏不死。

「上古百科」
昌意：上古时代汉族传说中的人物。传说他是黄帝和嫘祖的次子，颛顼之父，被封于西戎，建立了安息国。

注释

①雷祖：即嫘祖，相传是教人们养蚕的始祖。②擢（zhuó）：引拔，耸起。这里指物体因吊拉变成长竖形的样子。谨：慎重小心，谨慎细心。这里是细小的意思。渠股：即今天所说的罗圈腿。③取：通“娶”。④膏：这里是味道美好而光滑如膏的意思。菽（shū）：豆类植物的总称。稷：谷子。⑤播琴：即播种。这是古时楚地人的方言。

译文

在流沙的东面，黑水的西岸，有朝云国、司彘国。黄帝的妻子雷祖生下昌意。昌意自天上降到若水居住，生下韩流。韩流长着长长的脑袋、小小的耳、人的面孔、猪的长嘴、麒麟的身子、罗圈着双腿、小猪的蹄子，娶淖子族人中叫阿女的为妻，生下帝颛顼。

在流沙的东面，黑水流经的地方，有座山名叫不死山。

在华山青水的东面，有座山名叫肇山。有个仙人名叫柏高，柏高由这里上去下来的，直至到达天上。

在西南方黑水流经的地方，有一处叫都广野，后稷就埋葬在这里。这里出产膏菽、膏稻、膏黍、膏稷，各种谷物自然成长，冬夏都能播种。鸾鸟自由自在地歌唱，凤鸟自由自在地舞蹈，灵寿树开花结果，丛草树林茂盛。这里还有各种禽鸟野兽，群居相处。在这个地方生长的草，无论寒冬炎夏都不会枯死。

阅读链接

关于颛顼的出生有一个传说：有一次，颛顼的母亲梦见一条直贯日月的长虹飞入自己腹中，然后就怀孕生下了颛顼。颛顼生下来就头戴干戈，并有“圣德”二字。

「专家解疑」
干戈（gē）：盾牌和戈，泛指武器，多借指战争。

原文

有盐长之国。有人焉鸟首，名曰鸟氏。

有九丘，以水络之：名曰陶唐之丘、叔得之丘、孟盈之丘、昆吾之丘、黑白之丘、赤望之丘、参卫之丘、武夫之丘、神民之丘。有木，青叶紫茎，玄华黄实，名曰建木，百仞无枝，上有九欘[①]，下有九枸[②]，其实如麻，其叶如芒，大皞爰过，黄帝所为。

「上古百科」
建木：神话传说中，上古先民崇拜的一种圣树。传说，九天鲲鹏（鲲鹏）就栖息在建木的树顶之上。

注释

①欘（zhú）：树枝弯曲。②枸（jú）：树根盘错。

译文

有个盐长国。这里的人长着鸟一样的脑袋，称作鸟民。

有九座山丘，都被水环绕着，名称分别是陶唐丘、叔得丘、孟盈丘、昆吾丘、黑白丘、赤望丘、参卫丘、武夫丘、神民丘。

有一种树木，青色的叶子紫色的茎干，黑色的花朵黄色的果实，叫作建木，高达一百仞的树干上不生长枝条，而树顶上有九根蜿蜒曲折的枝丫，树底下有九条盘旋交错的根节，它的果实像麻子，叶子像芒树叶。大皞凭借建木登上天，黄帝栽培了建木。

阅读链接

建木位于天地中心昆仑山，是上古时期人们所崇拜的一种圣树，传说是沟通天地人神的桥梁。“建木在都广，众帝所自上下。日中无景，呼而无响，盖天地之中也。”（《淮南子·墬形训》）

在三星堆出土文物中有一棵青铜神树，上有枝叶、花卉、果实、飞禽、走兽、悬龙、神铃等，这一神树有可能就是建木的原型。

「知识百科」

三星堆：即三星堆遗址。夏商时代我国巴蜀地区的古代文化遗存。距今4800—4000年，因最早发现于四川广汉县真武村三星堆而得名。发现有经系统规划的古城，大量金、铜、玉、象牙等珍贵文物。

原文

西南有巴国。大皞生咸鸟，咸鸟生乘釐，乘釐生后照，后照是始为巴人。

有国名曰流黄辛氏，其域中方三百里，其出是尘土。有巴遂山，渑（shéng）水出焉。

又有朱卷之国。有黑蛇，青首，食象。

南方有赣巨人，人面长臂，黑身有毛，反踵，见人笑亦笑，唇蔽其面，因即逃也。

又有黑人，虎首鸟足，两手持蛇，方啖之。

有嬴民，鸟足。有封豕。

有人曰苗民。有神焉，人首蛇身，长如辕，左右有首，衣紫衣①，冠旃冠②，名曰延维，人主得而飨食之③，伯④天下。

「上古百科」

延维：即上文所说的委蛇，就是双头蛇。

注释

①衣紫衣：前一个“衣”是动词，穿的意思。后一个“衣”是名词，即衣服。②冠旃（zhān）冠：前一个“冠”是动词，戴的意思。后一个“冠”是名词，即帽子。旃：纯红色的曲柄旗。这里仅是红色的意思，与上一句的紫色相对。③人主：君主，一国之主。飨（xiǎng）：祭献。④伯（bà）：通“霸”。

译文

西南方有个巴国。大皞生了咸鸟，咸鸟生了乘釐，乘釐生了后照，而后照就是巴国人的始祖。

有个国家名叫流黄辛氏国，它的疆域方圆三百里，这里出产一种大鹿。还有一座巴遂山，渑水从这座山发源。

又有个朱卷国。这里有一种黑颜色的大蛇，长着青色脑袋，能吞食大象。

南方有一种赣巨人，长着人的面孔而两臂长长的，黑黑的身上长满了毛，脚尖朝后而脚跟朝前反长着，看见人笑他也就发笑，一发笑嘴唇便会遮住他的脸面，人就趁机立即逃走。

还有一种黑人，长着老虎一样的脑袋禽鸟一样的爪子，两只手握着蛇，正在吞食它。

有一种人称作嬴民，长着禽鸟一样的爪子。还有大野猪。

有一种人称作苗民。这地方有一个神，长着人的脑袋蛇的身子，身躯长长的像车辕，左边右边各长着一个脑袋，穿着紫色衣服，戴着红色帽子，名叫延维，人主得到后加以奉飨祭祀，便可以称霸天下。

「专家解疑」
车辕：大车前部驾牲口的两根直木。

阅读链接

据《辞源》：“巴国，古国名，位于今重庆市及四川省东部一带地方。”巴国地区史前文化发端于旧石器时代早期（二百万年前），巴人先民们（巫山人）领受神旨来到重庆地区，并在这片神奇的土地上世世代代繁衍不息，创造了灿烂的巴文化。

「知识百科」
《辞源》：始编于1908年，1931年出版《辞源》续编，是我国第一部大规模的语文词书。全书用繁体字，专供阅读古籍。

原文

又有青兽如菟，名曰菌（jùn）狗。有翠鸟。有孔鸟[1]。

南海之内，有衡山，有菌山，有桂山。有山名三天子之都。

南方苍梧之丘，苍梧之渊，其中有九嶷（yí）山，舜之所葬，在长沙零陵界中。

北海之内，有蛇山者，蛇水出焉，东入于海。有五采之鸟，飞蔽一乡，名曰翳鸟[2]。又有不距之山，巧倕葬其西。

「上古百科」
翠鸟：即翡翠鸟，形状像燕子。

「上古百科」
巧倕（chuí）：相传是上古帝尧时代一位灵巧的工匠。

注释

①孔鸟：即孔雀鸟。②翳鸟：传说是凤凰之类的鸟。

译文

又有一种像兔子的青色野兽，名叫菌狗。又有翡翠鸟。还有孔雀鸟。

在南海以内，有座衡山，又有座菌山，还有座桂山。还有座山叫作三天子都山。

南方有一片山丘叫苍梧丘，还有一个深渊叫苍梧渊，在苍梧丘和苍梧渊的中间有座九嶷山，帝舜就埋葬在这里。九嶷山位于长沙零陵境内。

在北海以内，有座山叫蛇山，蛇水从蛇山发源，向东流入大海。有一种长着五彩羽毛的鸟，成群地飞起而遮蔽一乡的上空，名叫翳鸟。还有座不距山，巧倕便葬在不距山的西面。

阅读链接

“翡，赤羽雀也。出郁林，从羽，非声。雄赤曰翡，雌青曰翠。”（《说文》）

古人说翡翠鸟雄性的叫翡，羽毛是红色；雌性的叫翠，羽毛是青色。而明代时，缅甸玉传入中国后，因其玉颜色多为红、绿，就被称作翡翠。其实，翡翠鸟的羽毛有好多种颜色，不止红、青二色，所以自古以来就做装饰品用。

「知识百科」
翡翠：玉石，成分是钠和铝的硅酸盐，绿色、蓝绿色或白色中带有绿色斑纹，也有红色、紫色或无色的，有玻璃光泽，硬度6-7，可做装饰品。

相关故事

伏羲有个后代叫务相，是巴氏氏族的儿子。务相住在南方的武落钟离山。住在这座山中的，还有其他四个氏族，即樊氏、曋氏、相氏、郑氏。

「知识百科」
氏族：原始社会由血统关系联系起来的人的集体，氏族内部实行禁婚，集体占有生产资料，集体生产，集体消费。也叫氏族公社。

这五个氏族没有共同的首领，各自为政，互不相让。后来，他们商定由各氏族选出代表比神通本领，谁能取胜，就推选谁做五族人共同的首领。巴氏族推选的代表正是务相。

比赛的第一个项目是掷剑。选手站在山顶上，每人手握一把短剑，使劲向对面山崖的洞穴掷去。约定：谁能掷中洞穴使剑倒悬穴顶的为赢。最终，只有务相的剑掷中洞穴，而且钻进石头，倒悬在穴顶。

比赛的第二个项目，是坐雕花土船。他们事先做好了五条雕有花纹的泥土做的船，放在岸边，约定：谁坐的船能在河里行驶而不沉没者胜。结果，四个氏族的土船都先后断裂，沉没在河里；唯独务相驾驶的土船，顺着河流一直行驶了很久，仍然完整无损。原来，他将土船放进火中煅烧，使土船变成了陶船，因此能够遇水不坏。两项比赛都是务相获胜，五族人于是一致拥戴务相做了他们的首领，就是所谓的“廪君”。

「专家解疑」
陶：用黏土烧制的材料，质地比瓷松软，有吸水性。

廪君于是带着他的部族，从盐水顺流而下，后来他们到了一个地方，并在那儿建起了雄伟的都城，名叫夷城。他们的子孙就在那城里一代代繁衍下去，后来成为中国西南一个强大的氏族——“巴族”，并建立了巴国。

阅读思考

1. 后稷葬在哪里？这个地方有什么特点？
2. 建木是什么样子的？它是谁栽培的？
3. 翡翠鸟只有绿色和红色两种颜色吗？

重点测试

一、填空题

1. 精卫是________的女儿。

2. 上古五帝分别是________、________、________、________、________。

3. 九尾狐生活在________。

4. ________撞坏了不周山。

5. “六足四翼，见则天下大旱”描述的是________。

二、选择题

1.（ ）把各种谷物的种子从天上带到下界。

A. 叔均　　B. 后稷

C. 台玺　　C. 神农氏

2. 窫窳是（ ）的儿子。

A. 黄帝　　B. 炎帝

C. 贰负　　D. 烛龙

3. 下面四个选项中只有（ ）国的人不是身材矮小之人。

A. 小人国　　B. 周饶国

C. 焦侥国　　D. 无启国

三、判断题

1. 女魃是神话中的水神。（　）

2. 西王母就是我们常说的王母娘娘。（　）

3. 狌狌可以知道过去和未来之事。（　）

4. 昆仑山是巫师来往于天上与人间的地方。（　）

四、简答题

1.《山海经》包括哪几方面内容？有什么价值？

2. 灵山十巫分别是哪十巫？他们从哪里往返于天地间？

答案

一、填空题

1. 炎帝

2. 黄帝 颛顼 帝喾 尧 舜

3. 青丘国

4. 共工

5. 肥𧊇

二、选择题

1.B 2.D 3.D

三、判断题

1. ×，女魃是旱神。

2. √。

3. ×，狌狌可以知道过去之事，却不知道未来之事。

4. ×，是登葆山。

四、简答题

1.《山海经》是中国一部备载丰赡的百科全书，其中包含了丰富的民族、史学、历法、古代神话、天文、地理、巫术、宗教、地理、动物、植物、地理学、气象、文学、考古、矿物学、医学、人类学、生物学、药学、海洋学和科级史等诸多方面的知识。此书对古代历史、地理、文化、中外交通、民俗、神话等研究有着很高的价值。

2. 灵山十巫是指巫咸、巫即、巫朌、巫彭、巫姑、巫真、巫礼、巫抵、巫谢、巫罗这十个巫师。他们从灵山往返于天地间。